中国母亲

抗战时期胶东乳娘乳儿口述史

常秀芹　著

中国妇女出版社

图书在版编目（CIP）数据

中国母亲 ：抗战时期胶东乳娘乳儿口述史 / 常秀芹著. -- 北京 ：中国妇女出版社，2025. 8. -- ISBN 978-7-5127-2526-3

Ⅰ. K265.06

中国国家版本馆CIP数据核字第2025RE8085号

ZHONGGUO MUQIN

责任编辑：陈　元
封面设计：李　甦
责任印制：李志国

出版发行：中国妇女出版社
地　　址：北京市东城区史家胡同甲24号　　邮政编码：100010
电　　话：（010）65133160（发行部）　　65133161（邮购）
网　　址：www.womenbooks.cn
邮　　箱：zgfncbs@womenbooks.cn
法律顾问：北京市道可特律师事务所
经　　销：各地新华书店
印　　刷：北京中科印刷有限公司

开　　本：167mm×240mm　1/16
印　　张：21.75
字　　数：300千字
版　　次：2025年8月第1版　　2025年8月第1次印刷
定　　价：68.00元

山东省社会科学规划沂蒙精神研究专项重点项目
“抗战时期胶东根据地乳娘乳儿口述史”成果
（项目编号：22BYMJ03）
山东艺术学院学术著作出版基金资助成果

序言

姜秀花*

胶东抗日根据地是一片红色沃土，养育了无数为抗日救国奋不顾身的英雄儿女，孕育了历久弥新的胶东红色文化。在反“扫荡”中为保护群众英勇牺牲的“马石山十勇士”及其400多名战友，300多名用乳汁和生命护佑1223名八路军后代和烈士遗孤的“胶东乳娘”，等等，他们都是这一方红土地的优秀儿女，是这一脉红色文化的重要缔造者。

胶东乳娘是1942年胶东区委、胶东妇联筹建的胶东育儿所成立后招募来的不脱产保育员，主要是当地身体健康、思想进步的农村妇女，来自驻地周围的几十个村庄。她们或正处于哺乳期，或自己的婴孩不幸夭折，她们用自己的乳汁哺育革命后代。育儿所早期的工作是秘密进行的，孩子们并不集中在一起，而是随乳娘分散在各村居住，乳娘也不知道孩子的父母姓甚名谁。直到

---

* 姜秀花，全国妇联妇女研究所研究员、原副所长。国家社会科学基金重大项目“中国共产党领导妇女运动百年重大成就研究”首席专家。主要研究领域为妇女理论与政策、中国妇女运动史、生殖健康、性别文化等。发表研究文章200余篇，编/著学术著作30余部。

1946年，60多个大龄孩子才首次开始集体生活。新中国成立后，育儿所的绝大多数孩子回到了亲生父母身边。胶东育儿所成立后，遭受了日军的频繁“扫荡”，不得不多次迁徙。在这个过程中，这些乳娘奋不顾身保护乳儿，用感天动地的母爱创造了乳儿无一伤亡的人间奇迹，在中国抗日战争乃至世界反法西斯战争史上写下了不朽的篇章。她们所展现的“忠心向党，大爱无疆”的精神品质，与“沂蒙红嫂”共同构筑起齐鲁英雄母亲群像，是党领导人民百余年奋斗历程中一份永志难忘的深刻历史记忆，也是中国妇女运动发展历程中耀眼夺目的一束光芒。但因保密规定、战乱转移、档案散失等原因，胶东育儿所红色乳娘的事迹很长时间不为人知，很多乳娘的名字也无从考证。忠诚朴实的乳娘们对这段经历严守秘密、守口如瓶，她们很多人的儿女很长时间都不知道自己的母亲还有这样一段故事。大概从20世纪80年代开始，这一群体才逐渐浮出历史地表。地方政府做了大量抢救性文献图片收集、口述访谈、宣传出版等工作。90年代末，胶东乳娘被写进乳山市志，后来宣传工作日益加强。特别是进入新时代以来，关于胶东乳娘的各种文化产品不断涌现，让更多的人了解到抗日战争时期还有这么一个庞大而独特的英雄母亲群体。

说起来，我与胶东乳娘和胶东育儿所走向大众的过程缘分颇深。从90年代末到如今，乳山几任妇联领导都因胶东乳娘的推广宣传和我有过交集。胶东育儿所教育基地在乳山田家村落成后，2018年，我推荐我们单位党员学习教育活动选择这个场址进行。本应带队的我临时有事没能去成，但去过的同事没有一个不为此行见闻而感动的，她们也接触了包括本书作者常秀芹教授在内的一些做乳娘访谈研究和宣传等工作的同行。后来，我有3次机会前往胶东育儿所教育基地参观学习并看望乳娘。2024年5月，我去乳山调研时，还和当地妇联的同志去看望了乳山境内最后一位在世的乳娘陈淑明。她当时已经卧病在床，意识模糊中依然对我们表达的敬意回以“感谢党记着我们”。遗憾的是，当年7月这位近百岁的老人去世了。2021年在庆祝中国共产党成立100周年之际，胶东育儿所纪念馆被全国妇联命名为全国妇女爱国主义教育基地，我应该是第一个得知这个消息的乳山人。2022年，我们在撰写《中国共产党领导妇女运动百年》时，把胶东乳娘写进了这部妇运史专著。2023年，我在北京参加了山东省乳山市新时代“红色乳娘”宣讲团走进中国妇女儿童博物馆活动，深切感受到乳娘精神品质传承穿越历史长河有了越来越大的回响。每一次，无论是对胶东育儿所旧址的身临其境还是和乳娘的面对面，无论是看旧时的照片资料还是观听今天再现的乳娘故事，我都热泪长流。为什么我会对胶东乳娘如此动容，不仅仅因为我是一个乳山人，更因为我是一名中国妇女运动史的研究者、撰写者，我为中国有这样一个平凡而伟大的女性群体而感到无比自豪。

胶东乳娘，是中国共产党人与人民群众血肉之情的见证者和书写者。党的根基在人民，血脉在人民。在抗日战争中，中国共产党发挥中流砥柱作用，坚持动员人民、依靠人民，推动形成了全民族抗战的历史洪流。胶东地区因其重要的战略位置，成为日军重点进攻的目标。八路军在胶东地区积极开展游击战争，给日军以沉重打击。在日伪对胶东根据地进行的拉网式“扫荡”中，八路军勇士们舍生忘死掩护老百姓突围，也让人民群众更感念八路军的恩情。中共胶东区委成立胶东育儿所后招募的乳娘们虽然文化程度普遍不高，却深明大义，在接收孩子时不讲条件和困难，将守护党的这份托付和信任视为自己神圣的使命，她们以“人在孩子就在”的庄重承诺，用心用情呵护孩子，用鲜血和生命护佑孩子，甚至不惜牺牲自己的孩子保全八路军后代，以自己特殊的方式支持抗战将士，为这场保家卫国的民族战争出一份力。乳娘们用朴素的语言和行动表达着对党和人民军队的坚定拥护和无限热爱，“八路军是咱们的大恩人，他们为咱杀敌流血，甚至豁上命，不能让他们流血流汗再伤心。他们的孩子就是咱自己的孩子，一定要把他们好好养大”，“八路军把孩子交给俺是信得过俺，待孩子必须比俺的更金贵”。党为民，民爱党；军为民，民护军，血肉相连的党群、军民鱼水之情，构筑了抗日战争坚不可摧的人民长城，让我们深切领会了中国共产党茁壮百余年的“生命密码”。

胶东乳娘，是中国女性力量和中国妇女故事的汇聚者和创造者。习近平总书记指出：“我们党带领人民不懈奋斗的光辉历程，每一个胜利都有着广大妇女的积极参与和卓越贡献。”广大妇女对党和人民事业的贡献不可磨灭。1938年，抗日战争进入战略相持阶段后，敌后战场斗争形势日益严峻。自1941年起，日军集中了64%的侵华兵力和几乎全部伪军，对抗日根据地实行了疯狂的进攻和残酷的“扫荡”，企图彻底摧毁抗日根据地；国民党加紧发动反共行动，封锁围困抗日根据地，党领导的敌后抗战进入最为困难的时期。根据地妇女在党的带领下进行了艰苦卓绝的斗争。胶东育儿所正是在抗战最困难的时期应运而生的，成为红色胶东后方根据地中党政军的重要保障机构之一。胶东妇联在中共胶东特委领导下，发动妇女群众以不同的方式参加革命、支援革命。乳娘们用超越亲情的母爱滋养乳儿，在艰苦卓绝的战争年代赋予乳儿人生之初最宝贵的温存回忆，保护了革命的火种和希望，解除了前线将士的后顾之忧。《中国共产党领导妇女运动百年》这样记载这一群体:“在胶东根据地,诞生于烽火中的胶东育儿所的300多名乳娘和保育员,冒着生命危险哺育并保护了八路军将士后代,有的在生死关头甚至不得不舍弃自己的亲生骨肉。到抗战胜利,这些大爱无私的‘胶东乳娘’养育了1200余名革命后代,在日军‘扫荡’和多次转移中,乳儿无一伤亡。”毛主席曾言:“假如中国没有占半数的妇女的觉醒,中国抗战是不会胜利的”,“全国妇女起来之日,就是中国革命胜利之时”。胶东乳娘正是觉悟的、革命的中国女性的典型代表,为中国妇女运动留下了浓墨重彩的一笔,为中国人民抗日战争胜利作出了独特贡献。

胶东乳娘,是中华优秀传统文化和中华民族精神的传承者和践行者。中华优秀传统文化是中华民族的精神命脉。在5000多年的中华文明发展中,中华民族形成了以爱国主义为核心的团结统一、爱好和平、勤劳勇敢、自强不息的伟大民族精神。中华民族精神已然化为中国人民的特质、禀赋,铸就了绵延几千年发展至今的中华文明。中华文明讲仁爱、重民本、守诚信、崇正义、尚和合、求大同的精神特质和发展形态,为中国道路积淀了深厚的文化底蕴,深刻影响着中国发展进步和中国人的精神世界。胶东位于有着丰厚历史文化的山东省,仁、义、礼、智、信、恕、忠、孝、悌等人文精神孕育了胶东人明理崇德的品质。以“仁”为内核的道德追求,以“义”为标志的做人品格,以“信”为准则的价值理念,以“忠”为主旨的爱国情怀,构成了战争年代胶东人的文化特色。日本帝国主义侵略激发了人民深沉的爱国情怀。深受优秀传统文化熏陶的胶东乳娘忠心向党、信守承诺、舍生取义,以情海义天的壮举,为中华优秀传统文化和中华民族精神作了精彩诠释和注脚。

历史是最好的教科书。胶东乳娘是革命战争年代无数感人故事中的一个典型，值得铭记与书写。在纪念中国人民抗日战争暨世界反法西斯战争胜利 80 周年之际，《中国母亲——抗战时期胶东乳娘乳儿口述史》付梓出版，适逢其时。作者用三元主体的故事和述说，立体构建了乳娘英雄群体的生动图像，深情地描述了一段激荡人心的历史，为胶东红色文化传承又添力作。书中所展现的乳娘精神品质是胶东红色文化的重要组成部分，是中国共产党精神谱系的具体体现。

借为此书写序之际，向那些已然远去的乳娘表达我心中最深切的崇敬之情。愿她们在天上没有硝烟弥漫，没有生离死别，尽享安宁美好！

愿乳娘精神品质代代相传，弘扬光大！

2025 年 7 月 30 日

目录

第三篇 念兹在兹，八方乳儿寻亲觅根山高水长

附篇一　部分乳娘乳儿采访记录

附篇二　部分工作人员采访手记

引 言

80 年后的深情回望：追忆战火中的胶东育儿所

抗日战争时期，中国妇女是一支英勇不屈的重要力量，她们展现的巾帼情怀是中华民族精神的生动写照和宝贵财富。作为山东乃至全国著名的抗日根据地，胶东根据地广大妇女在中国共产党领导下，积极投身抗日救亡运动，为根据地的巩固发展和全国抗战胜利作出了不可磨灭的贡献。这部承载了无数中国妇女热血与信念的《中国母亲——抗战时期胶东乳娘乳儿口述史》，就是对她们青春岁月的深情回望与礼赞。本书以历时 8 年的全国探寻采访，试图通过微观史方法构建一份相对完整的记忆图谱，勾勒出战争年代驻守后方的胶东乳娘与前线将士殊途同归、保家卫国的真实历史画卷。

胶东乳娘是抗日战争时期在胶东根据地形成并一直延续至新中国成立初期的一个独特的妇女群体，是由中国共产党领导下的胶东育儿所秘密牵头并联络，无私哺育护佑在战争中出生的八路军子女和烈士遗孤的群体性英雄母亲形象。根据现有研究和史料记载，这个群体主要由 300 多名哺乳期妇女构成，在战争的灾难和疾病的考验中，她们冒着炮火养育了 1223

位于乳山市的胶东育儿所旧址掩映在这片连绵的山脉中

名八路军子女和烈士遗孤。胶东乳娘用信仰和人性完美统一的大爱，诠释了“水乳交融、生死与共”的党群关系、军民关系。由于战时保密需要导致的记忆缺失等历史原因，胶东乳娘的事迹鲜为人知，更没有被广泛传播，对这一群体的学术研究也相对较少。

在正式书写这部口述史之前，我已经完成了一部纪录电影《战争中的母亲——胶东乳娘》的编剧和导演工作，以视听语言为载体将胶东乳娘精神和共产党人的奋斗史、成长史、精神史相融合，塑造了胶东乳娘的银幕版艺术形象，也为立体式观察研究抗日根据地的革命女性群体提供了真实生动的物质样本。但电影书写与文学书写是两种独立的艺术形态，在媒介特性、叙事思维及审美创造上存在本质差异，这也是我书写这部口述史面临的第一个重要挑战。在影片中，除了主人公，大多数出镜人物的台词很有限，甚至因剧情需要，有的人物仅仅出了一个镜头，连一句台词都没有。而在电影创作的实际过程中，几乎每个人物的采访都超过了 100 分钟，有的重要主人公采访时长超出了两倍多，我也因此积累了百余万字的采访场记和十几万字的导演案头。这些文字的背后，是更多历史事件和无数鲜活生命的交织与碰撞。这些生命和故事不该淹没在历史的尘埃中，她们值得以某种形式在盛世阳光下与我们及我们的后代相遇，或是电影画面，或是书籍文字。

在电影《战争中的母亲——胶东乳娘》第一场首映式之后，我又陆续接到了一些来自全国各地乳儿及其家人的新线索。采访工作似乎并没有因为电影创作的完成而结束，而是转变成了一次无尽的记录之旅。截至今日，这部口述史的采访历程已持续了 8 年之久，足迹遍布祖国大江南北，寻访到了包括历史亲历者、见证者在内的 85 名当事人，其中包含抗日战争时期胶东育儿所接收的第一位乳儿、年纪最小的保育员和当时所有在世的乳娘。而今天，这些乳娘均已离世，乳儿们也陆续迈入耄耋之年，他们的音容笑貌作为重要的历史见证和文化遗存永远保留了下来。在我看来，采访的人物样本越多，胶东乳娘的故事就越清晰，那段历史也就越丰富、翔实。但如何从这些海量素材中筛选出最核心、最准确、最有感染力的内容，如何兼顾口述史学的真实严谨性与叙事逻辑性，如何在填补宏大叙事细节空白、丰富历史档案文献的同时保存情感记忆，揭示战争对个体生命的深层创伤，是我面临的另一个重要挑战。

抗战口述史的核心价值，在于将历史进程中的个体生命经历与体验，通过个体记忆的微观叙事方式为宏大历史作细节补充。因此，构架这部抗战口述史的过程，也是将个人记忆与家国叙事密切融合，书写属于“胶东乳娘”这一群体性革命母亲集体记忆的过程。通过对胶东乳娘及相关当事人的口述史料做梳理整合、对比校正、提炼取舍，重构抗日战争时期中国妇女尤其是胶东抗日根据地广大妇女参与抗战的中国社会图景，在回溯历史的同时又观照现实，审视战争对人类文明、生命尊严和心灵成长的深刻影响。而如何将当事人那些庞杂的口述史料，通过文字系统建构并打造成

位于乳山市田家村的胶东育儿所旧址

可以世代传承的集体记忆乃至更高层面的文化记忆，成为一副重担，牢牢压在我的肩头和心头。

一、基于宏大历史的叙事描摹与个体叙事的群像重塑

胶东乳娘作为胶东抗日根据地的女性革命群体代表，体现的是党政军民“水乳交融、生死与共”的新型文化符号和内涵载体。那么，这个革命母亲群体出现的深层次原因是什么？她们何以成为胶东乳娘？这是早在电影创作之初就需要回答的历史之问和时代之问。

我的创作生涯跟胶东有着难解之缘。我创作的第一部有关胶东题材的作品是体现甲午海战的纪录片《一个人的甲午祭》，而胶东育儿所就在距离中国甲午战争博物馆西南百余公里的绵绵山脉中。从甲午海战失败时民族的耻辱和悲壮，到五四运动乃至抗日战争时期的民族求索和血性抗争，从纪录短片《一个人的甲午祭》到电影长片《战争中的母亲——胶东乳娘》，创作的情感基调是一脉相承的。

在我国近代史上，有两个大事件都跟山东尤其胶东息息相关：一是中日甲午海战促使中华民族意识的觉醒和近代化进程的加速；二是中国在巴黎和会上的外交失败直接引爆五四运动，进一步激发了全民救亡图存的民族意识和决心。这两个大事件的历史进程，也促进了近代中华民族全民性抗争记忆的层累叠加，“它有共同的意志、信仰和社会心理”。[①] 这种记忆为即将到来的大规模革命动员带来了深刻的民族文化认同。可以说胶东革命史也是中国近现代革命史的缩影，胶东无数英雄群体和革命先烈有着为理想信念奋勇献身的家国情怀和“以天下为己任”的人生抱负；胶

① 扬·阿斯曼、陈国战：《什么是“文化记忆”》，《国外理论动态》2016 年第 6 期，第 18-26 页。

东这片土地上的人民有着自觉秉持的民族大义和在面对外敌入侵时血性抗争、视死如归的精神风貌。这是口述史创作中非常重要的历史支点和情感支点。

此外，五四运动提倡男女平等、婚姻自由，推动了新思想的传播与实践。中国妇女由此开始规模性地走向历史舞台，参与社会活动。许多先进的知识女性在民族危亡的大是大非面前开始意识到，要想实现自身的解放，必须承担历史使命和社会责任，她们积极参与游行、演讲等各种形式的抗议活动，成为妇女解放运动的先锋和榜样。后来，她们中的一些人成长为中国共产党的职业革命家，为了改变苦难中国的前途和命运，她们不惜牺牲自己的生命，踏上了为民族解放而斗争的血与火的抗战征程。

胶东育儿所旧址的传统胶东老灶台

（一）前线抗战的英雄母亲

我的母亲叫于芳，1935 年入党。

——乳儿　邢莉莉

“我出生以后，我母亲给我起名字叫‘利利’，她希望中国的抗日战争从胜利走向胜利。”80 多岁的邢莉莉缓缓讲述她母亲的抗战故事。她在上中学的时候把“利利”改成了“莉莉”。邢莉莉大约于 1941 年春季出生在胶东昆嵛山一带，母亲于芳是山东牟平人，家境殷实，参加革命前是乡村教师，典型的女性知识分子。九一八事变后，东北三省沦陷，于芳开始投身到各种抗日救亡活动中，1935 年，她加入了中国共产党，后来成为八路军的女战士。

“1938 年，我母亲回老家，动员她妹妹也出来参加了八路军，她们姊妹两个都是八路军的老战士。”邢莉莉说。后来，大约在 1943 年，于芳曾短暂在胶东育儿所任职副指导员。1943 年三八妇女节那天，她的第二个孩子“秀军”出生了，那时邢莉莉刚满两岁。

“我母亲正在动员妇女参加妇救会，做军鞋，鼓励家里的丈夫参军、打鬼子。讲着话当中，她说‘哎呀，肚子疼，不行了！赶快赶快’，就在讲了一半的时候，她生下了我的弟弟，然后把我弟弟也放到了胶东育儿所。我和弟弟都在胶东育儿所成长，我的妈妈就继续她的革命事业，打完日本鬼子再打蒋介石。”

与弟弟出生时的境况不同，邢莉莉一直认为自己的出生连累了母亲，“我母亲生我正赶上日本鬼子‘扫荡’，我母亲跑不掉，就被‘扫’到日本人的监狱里去了，后来被组织营救出来”。“营救出来以后我就被送到了育儿所，我母亲就回归部队了”。在与邢莉莉的访谈过程中，她始终觉得

大乳山景观

电影《战争中的母亲——胶东乳娘》资料图

战争年代出生的孩子只能给父母带来麻烦，所谓“天使般的孩子”是在和平年代才能体验到的馈赠感。在她出生时，作为职业革命者的母亲，包括父亲、姨妈和家里的其他亲人，他们人生的第一使命不是养育子女，是抗战。

这部口述史的采访对象中，很多跟邢莉莉母亲的身世经历相似，大都由家族成员间互相影响相继参加革命。胶东大地有许许多多这样的革命大家庭，在那些残酷的烽火岁月，家族成员间有的在前线英勇作战、视死如归，有的在后方生产支前、救护伤员、保育难童，用热血和生命为中国革命史书写下一页页光辉篇章。

我的母亲叫王梅欣，17 岁就参加了三军二路。

——乳儿　梁恒力

“我的母亲叫王梅欣，1920 年出生，1937 年我母亲 17 岁的时候，受她舅舅于眉的影响，参加了三军二路（山东人民抗日救国军第三军第二路军）。外公因为担心母亲的安危，就把我母亲抓回去。我母亲不甘心，在 1938 年春节前夕，她再次离家出走，从此以后走上了革命的道路。”定居上海的梁恒力是王梅欣的第二个女儿，1943 年出生在山东省乳山市高家台村。恒力出生时母亲大出血，她生下来没有吃过母亲的一口奶，就直接被送到了乳娘家里。那个时候，王梅欣的大女儿梁恒心已经被送给乳娘家抚养了。恒心是王梅欣的第一个孩子。刚将孩子放到乳娘家里的时候，初次做母亲的王梅欣想念孩子心切，连续几天彻夜难眠。在战争的阴影下，无数个像王梅欣这样的年轻母亲，在坚持抗日救亡和骨肉亲情的两难抉择中经受着痛苦的煎熬。

在恒心和恒力之后，王梅欣的三女儿恒华和四女儿恒青也都是在胶东育儿所长大的，胶东乳娘的乳汁为梁家哺育了四个孩子。新中国成立后，孩子们从胶东大地走向全国，成长为国家建设的栋梁之材。王梅欣对孩子们说得最多的话就是：“你们要好好的，因为你们是老百姓养大的！你们没有吃过我一口奶，你们应该要好好为老百姓着想，为老百姓服务。”

恒力讲到这里时，声音开始哽咽：“这句话父母亲是讲了一辈子的。所以我当时只有这个印象，我是老百姓养大的，我应该为老百姓好，为老百姓服务。”

“你们是老百姓养大的！”王梅欣的这句家训，成为军民“水乳交融、生死与共”的情感契约和生命嘱托，在梁家四姐妹的灵魂深处播撒下了人民至上的价值理念，也让军民鱼水情升华为代际传承的行动自觉和精神基因。

我妈说，都不上前线，都得做亡国奴你知道吗？！

——乳儿　宋玉芳

宋玉芳和妹妹宋玉芝都是在胶东育儿所长大的。妈妈因为参加抗战而不得不舍下她们的时候，姐妹俩都才两个多月大（姐妹俩相差两岁多）。成年后的宋玉芳曾经跟她母亲有过这样一段对话：

“后来我就跟我妈说：‘我真的不理解你们，我不到3个月，我妹妹才两个月，你们怎么就舍得扔下了呢？’”

“我妈就叫着我的小名说：‘爱利，你这个话问的，你们怎么能知道当时那个战争年代是什么情况？大半个中国都没有了，都不上前线，都得做亡国奴你知道吗？！’”

誓死不做亡国奴！这是那个年代千万中国妇女投身革命的豪迈宣誓和庄严承诺！但是那些嗷嗷待哺的骨肉又让这些年轻母亲陷入了集体困境，在行军途中，她们来不及再给孩子喂一口奶，甚至来不及再细细地看一眼襁褓中的小生命。

这一别就要走向战场，可能就要牺牲，也可能会等到胜利归来。

这一别，不知何时再相见！

……

后来，宋玉芳、宋玉芝、梁恒力、邢莉莉、司晓星……很多从胶东育儿所长大的乳儿，都曾经有过“妈妈不爱我们”“妈妈不需要我们”的集体性情感困惑，这应该也是战争创伤的叠加效应。这样的困扰和苦恼一度影响了乳儿们的青春岁月，甚至在他们的生命深处留有底痕。

在已有记载的1223名乳儿背后，还有更多未曾在历史上留名、以各种形式投身抗战的八路军女战士。她们作为无数革命先辈的一员，为了抗战的胜利，牺牲了全部的青春年华甚至宝贵的生命。当时，这些年轻的革

胶东育儿所老照片　　电影《战争中的母亲——胶东乳娘》资料图

命母亲大多才二十几岁，于芳、王梅欣、王菊卿、苏政、宋武……她们是乳儿们的亲生妈妈，更是保家卫国的女战士，每一个名字背后，都有一段用忠诚和热血谱写的革命故事。那么，是什么力量令这些年轻的妈妈舍弃骨肉情深？母爱是如何在她们和乳娘之间延续的？那些告别襁褓中的孩子，隐忍坚定地奔赴战场的年轻女战士，曾经有过什么样的心路历程？今天享受盛世阳光的我们，和曾经在同一个太阳照耀下的她们，经历的是如何不同的人生？

由于这些乳儿的亲生母亲都已不在人世，每一位乳儿的口述史便构成了对于革命母亲和那个时代集体记忆的一部分。由此，这部口述史在革命母亲、乳儿、胶东乳娘之间构建起了三个群体进行精神对话的深层次叙事语境，以中国妇女在抗日战争时期救亡图存的历史追求与当今时代对革命英雄的深切回望交相辉映，共同建构起历史与当下的互动关系。

胶东育儿所内景 电影《战争中的母亲——胶东乳娘》资料图

乳儿的深情回忆也构成了口述史的第一篇章：生死与共，革命母亲深情托孤奔赴前线。那些素昧平生的胶东乳娘，承接起了奔赴前线的革命母亲交给她们的生死托付。那健康完好的1223个孩子，是革命母亲与胶东乳娘共同缔造的生命奇迹。

（二）戍守后方的胶东乳娘

第二篇主要围绕胶东乳娘护佑乳儿戍守后方来组织架构。

当革命母亲在前线生死抗战之际，乳娘成为母爱的延伸。人在孩子在，成了胶东抗日根据地无数个家庭的共同信念。

在地域上，这些乳娘主要遍布在以当今威海乳山市为核心的胶东半岛。她们是来自社会底层的普通劳动妇女，具有鲜明的人民性。在日军“扫荡”的阴影下，这些农家妇女将革命后代视如己出，用粗粝的双手编织起了一道道生命的保护网。我最早采访她们是从2019年开始，当时在世的胶东乳娘都已90多岁高龄。作为最重要的历史当事人和亲历者，对这个群体的采访拍摄毋庸置疑属于抢救式工程，我有幸与之对话的那六位老妈妈就是历史的“活化石”，其中有两位乳娘在我采访后不久就离世了。在本书成稿阶段的2024年7月，最后一位胶东乳娘也永远离开了我们，她叫陈淑明。

我大儿子叫国用，国家打仗正用人的时候，所以起了个名叫国用。

——乳娘　陈淑明

乳娘陈淑明，我前后见过四次。第一次是正式采访，后两次是后期补拍镜头和电影推广宣传策划到乳山，跟当地宣传部领导专程去看望她。还有一次是陪同全国妇联妇女研究所的同志到胶东调研乳娘事迹。只要有机会去乳山，我就尽量看望一下几位乳娘，她们都是年近百岁的老人了，真正是见一面少一面，每次我都顺便拍点儿影像资料。

我第一次采访乳娘陈淑明，她一出场就平静地说：“我大儿子叫国用，国家打仗正用人的时候，所以起了个名叫国用。”陈老妈妈的这句话令我一下子触摸到了胶东乳娘共同的博大情怀，她们在国难当头时鲜明的立场就是：我要时刻准备为国家、为民族作奉献、作牺牲。透过她依然坚毅的面庞，仿佛伸手即可触摸到那段历史的社会脉搏。

后来我发现，每次见到陈淑明时她都要流眼泪，仔细倾听才知道，她在近些年失去了两个孩子，其中一个儿子是2018年打农药时不小心中毒去世的。她说当年给八路军抚养孩子的时候，家里最好的食物是芋头，她经常用柴火烤芋头喂养八路军的孩子。每次，她那个儿子就会在一旁央求她说："妈妈，给弟弟吃芋头，给我吃点儿皮行吗？"她就把芋头瓤喂给八路军的孩子，把一点点芋头把儿给自己孩子。她讲述这些时很平静，但是讲着讲着就会落泪。

她说从小就听老人讲，慢待父亲就会失去父亲，慢待儿女就会失去儿女。

"俺慢待俺自己这些孩子了。"说完这话的时候陈淑明流泪了，她边擦眼泪边有些许哀叹。这就是细碎生活中厚德担当、深情悲壮的胶东乳娘。

每每想起乳娘陈淑明落泪的画面，我心里就非常难过。我也早已为人母。人们歌颂母爱的伟大，是因为母爱是世间最无私、最本能、最纯粹的情感。这位老妈妈是因为怠慢了自己的儿女在后悔吗？我想从人性的角度，应该会有这样的因素。但是如果历史重来，她一定还会毫不犹豫地作出这样的选择，她一定还会倾其所有养育那些八路军子女。就像那些做了母亲的八路军女战士一样，在家国危难和骨肉亲情面前，这些革命母亲会毅然选择舍弃骨肉亲情投身抗战。

伴随着陈淑明的平静述说，嘴角的坚毅一点点溢满她沧桑的面庞，这是壮阔历史中胸怀家国、不屈不挠的胶东乳娘。

战乱和饥寒中，那一口口芋头、一勺勺小米粥，就是老百姓最珍贵的给予与馈赠。胶东乳娘就是这样用自己身体的奶水，用仅存的一口口芋头、一勺勺小米粥为八路军养育保全了1223个孩子。我们今天丰盈富足的生活是无数前线将士和无数胶东乳娘这样的革命母亲共同换来的。

我的母亲叫姜明真，给八路军养了四个小孩。

——乳娘姜明真之子　杨德亭

胶东乳山一带的山景　　电影《战争中的母亲——胶东乳娘》资料图

由于在世乳娘太少，乳娘的子女也成为本部口述史的重要采访对象。作为乳娘的见证者和传承人，乳娘子女的口述资料亦可构成对胶东乳娘集体记忆的重要组成部分。姜明真在抗战时期先后给八路军喂养了四个孩子，但她自己亲生的六个孩子却仅存活了两个。其中有一个孩子的死跟保护一名叫福星的乳儿有关。本次采访的杨德亭是姜明真最小的孩子。

“当时福星生下来才几个月，我母亲说她把福星给养到了 5 岁。”“我母亲还养了一个八路军的女同志叫刘全滋，当时她怀孕了，不能随军走。她在我家生了个小男孩，叫福生。我母亲伺候她满月后，她随军走了，把这个孩子也撂下了，我母亲就一直给养着。”

姜明真来自乳山市崖子镇东凤凰崖村，是抗日战争时期胶东育儿所乳娘群体的重要代表。透过姜明真的故事，可以一窥胶东抗日根据地的烽火历程。

1937 年 12 月底，中共胶东特委领导抗日军民在文登县天福山举行了抗日武装起义，这就是著名的天福山起义。起义武装组成了山东人民抗日救国军第三军，骨干力量就来自昆嵛山红军游击队。1938 年 2 月，第三军在烟台牟平与日军展开雷神庙战斗，这是天福山起义后与日军交火的第一仗。第三军首战获胜，彰显了胶东子弟兵顽强的战斗精神和卓越的军事才能，也极大鼓舞了胶东军民抗战必胜的信心和决心。

1938 年 9 月，第三军正式并入八路军序列，改番号为八路军山东人民抗日游击队第五支队。第三军并入八路军序列后不断发展壮大，发展成为山东纵队的一支生力军。第三军也是后来解放军多支王牌集团军的前身，为全国解放事业作出了不可磨灭的历史贡献。

胶东育儿所自 1941 年至 1945 年接收的乳儿，其父母的抗战历程大多可以追溯到天福山起义。

天福山起义后，胶东根据地的群众纷纷参军支前，抗战热情高涨。无数家庭的丈夫、父亲、儿女都成为保家卫国的战士。也就是在这个时期，1938 年，姜明真的丈夫带着两个兄弟，全家三个男儿都参军上了前线。

胶东八路军战斗英雄和民兵英模代表合影（梁南征供图）

莱阳好男儿——一人参军全家光荣（梁南征供图）

"我父亲弟兄三个都参加了革命。我二爹是个烈士，我三爹在外边打鬼子多年，是个小军官。我父亲不识字，他从文登打到牟平，大概1940年到了掖县（今莱州），就在掖县八路军那个抗大学校（抗日军政大学一分校胶东支校）做饭。我父亲一直在部队待到1943年回来，他是得病了才回家的。我的家庭是革命家庭，我的母亲也是革命的母亲。"杨德亭说到这里时，一种自豪而欣慰的情感溢于言表。

这是一个典型的胶东革命家庭，在丈夫和全家青壮年参军上前线的时候，姜明真在后方积极参加妇救会，先后哺育了四名八路军子女。1942年深秋，在一次日军"扫荡"中，姜明真为了保护乳儿福星，牺牲了自己的亲生儿子，用英雄壮举诠释了胶东乳娘的家国情怀和大无畏的牺牲精神。

"母亲教儿打东洋，妻子送郎上战场"，妇女组成妇救会，哺乳期的母亲为革命后代当乳娘。国难当头，留守后方的这些妈妈参与妇救会、青救会，带领孩子们组成儿童团，共同支撑起了胶东根据地稳固的后方。

小朋友问为什么冬天麦苗冻不死？我说可能麦苗的根深吧！

——保育员　王占梅

胶东育儿所的保育员也是广泛意义上的乳娘。在有的乳儿找不到合适的乳娘时，保育员们用芋头、米糊临时喂养乳儿，给幼小的生命带来生的希望。本书中保育员的口述史也可以还原胶东育儿所收养乳儿、物色并联络乳娘的部分历史原貌。

王玉欣是乳儿梁恒力、梁恒青的小姨妈，也是解放战争时期胶东育儿所的保育员。由于父母去世早，王玉欣投奔了早已参加革命的姐姐王梅欣，跟姐姐的孩子们一起搬入了胶东育儿所。作为年龄大一些的孩子，王玉欣也学着大人的样子承担起了照看孩子的任务，12 岁的她成为胶东育儿所年纪最小的保育员。那时，王玉欣有个工作内容，就是要定期到附近村庄的乳娘家看望乳儿梁恒青。“恒青的乳娘在一个村子里边。恒青住在乳娘家里，我基本一个礼拜去看她一次……她断了奶以后大概就到育儿所了。”“梁恒青的乳娘，我年岁大了记不得她姓什么叫什么了，但是她那个村子我去过，去了好几次。（育儿所）规定好了一个礼拜要看一次。”

王占梅也是解放战争时期胶东育儿所的保育员。她十几岁就参加村里的妇救会组织，协助村里其他保育员和乳娘养育乳儿。1947 年，王占梅被推荐到胶东育儿所做了专职保育员，那时随着胶东战局的稳定，育儿所大部分时间都驻扎在乳山市的崖子镇，孩子们也因此减少了四处迁移奔波之苦。本口述史中的很多乳儿都对王占梅大姨印象深刻，都亲切地喊她“娘”。

“我们经常和小朋友编个小剧演演，演只小兔、小狗的。利会（**李丽惠**）演一只小兔，国军演一只大山羊……我记得有一个小朋友问我：‘大姨，冬天植物都冻死了，为什么麦苗冻不死，那么青？’我一下子被这个小朋友问住了，我也不知道为什么麦苗冻不死，我当时给了他一个答复。我说：‘小朋友，可能是这个麦苗的根深吧，不怕冻。’”

在炮火纷飞的战争岁月，胶东育儿所里这场保育员和乳儿之间关于麦苗不怕冻的真挚对话，深深打动了我。麦苗扎根深，所以能抵御严寒，这其实是对世间万物生存智慧的隐喻。战乱年代，胶东乳娘在艰苦抗战中，在一次次反“扫荡”中，在护佑乳儿健康成长的每一个日子里，都要像抵御严寒的麦苗一样，深深地扎根于这片大地。她们用饱经风霜的面庞和粗粝又温暖的双手，给乳儿们带来了伟大母亲的慈爱和生存下去的原动力。以胶东乳娘为代表的胶东根据地军民正是因为这份坚韧不拔的精神和钢铁

1945年前后，王玉欣（右）与乳娘王殿英、乳儿梁恒华（梁恒青供图）

胶东育儿所小朋友排练节目（胶东育儿所资料图）

胶东育儿所全体留影（胶东育儿所资料图）

般的意志，才能一次次打破敌人的封锁和“围剿”，取得抗战的全面胜利。时代变迁，抗战的硝烟虽已散去，为抵御严寒就要深深扎根大地的朴素理念，依然能给我们带来无限欣慰和鼓舞。

（三）寻亲觅根的八方乳儿

> 将来我的骨灰要顺着家门口的黄河水一路向东流淌到渤海湾，那里距离养育我的胶东最近，胶东育儿所才是我的家。
>
> ——乳儿　司晓光

在口述史的受访人物中，有一部分乳儿之前从未接受过媒体采访，也未曾公开露过面。比如乳儿司晓星的弟弟司晓光，我们经过许多周折才找到他。其实，他就住在山东省东阿县大桥镇黄河岸边一个叫毕庄的小村子里，距离我在济南的单位驻地仅仅 60 公里。联系采访时，司晓光坚持不让我过去找他，他说得最多的一句话是“别麻烦你们，别麻烦国家”。几次电话沟通，我才明白他的心思。他说自己当了一辈子农民，没有给国家作过啥贡献，也没能报答曾经养育过他的胶东乳娘，心里有些愧疚；他说他不知道养育过自己的乳娘是谁，但每一位胶东乳娘、每一位保育员大姨都是他最亲的娘；他说希望自己能够安静地在小村子里终老一生，在他去世后能够让骨灰顺着家门口的黄河水一路向东流淌到渤海湾，那里距离养育他的胶东最近，距离哺育他的乳娘最近；他说胶东才是他真正的故乡，他这一辈子最美好的记忆都在胶东育儿所里。他就这样平静地讲着他的过往人生。

“我其实真不敢提以前的事儿，一提以前的事儿就容易掉眼泪。”司晓光说着说着，忽然间就在镜头前情绪崩溃了，像个孩子一样痛哭起来。

司晓光，1945 年生人，跟我的父亲同龄。我触景生情，起身轻轻抱住他、安抚他，禁不住陪他一起流泪。世间万物仿佛在这一刻都静止了，只有摄影机一直开着，似乎可以听见微弱的电流声划过寂静，我团队的研究生们拍摄下了这全过程。

司晓光在 8 岁那年被父亲从胶东育儿所接到徐州生活。1959 年他刚满 14 岁时，有一天父亲把他叫到跟前说：“送你回山东老家锻炼锻炼吧！”就这样，他被送回到了父亲出生的小村庄，这一回就是一辈子。在山东省东阿县大桥镇毕庄村，他先是和奶奶一起过着安定的生活，后来在村子里娶妻生子，家人和睦，安度晚年。

笔者与司晓光（右）出席电影《战争中的母亲——胶东乳娘》首映礼（2021 年 10 月 20 日）

1946 年春，胶东育儿所大班小朋友户外合影（胶东育儿所资料图）

不知道什么原因母亲没有对我很关照，可能是我调皮，也可能因为她是所长吧！

——乳儿　杨新华

乳儿杨新华的母亲宋武曾经是胶东育儿所的副所长。他说童年记忆最深的是，妈妈衣服口袋里经常装着花生、栗子等各种好吃的。小朋友们在院子里玩耍时，他经常看到母亲走过来掏给这个小朋友、掏给那个小朋友。每次他就在心里盼啊盼，盼着母亲能快点儿走到自己跟前来，也给自己塞点儿好吃的，但是每次母亲快到自己跟前时，总是绕开了走，就像没看见他一样。

“当时我母亲对我们这些小朋友一视同仁，从来没给过我特殊待遇。我在班里年龄不算大，也不算小，是中等的。我母亲当时有宿舍，但是不让我和她一块儿睡，我睡觉啊、洗澡啊、剃头啊，全都和小朋友在一块儿。我记得很清楚，洗澡的时候，男孩女孩都是一块儿，两个孩子洗完了再换上两个，我母亲从没有单独地照顾过我。”

杨新华最念念不忘的是保育员丁玉春阿姨。“我在她身上感受到了母亲的那种母爱和伟大。尤其是我感冒发烧的时候，她比我母亲对我还好。我有时候在恍惚之间就觉得她是我的母亲。小孩这个心理挺怪的，就产生出这种感觉，语言没法表达的。”

在杨新华的回忆中，母亲宋武作为育儿所的副所长，始终避免对他表现出特殊照顾，甚至刻意疏离。这也是战争年代胶东育儿所的应急抚养模式，通过制度性规范将母爱转化为公共责任，即要体现“对所有革命后代的普遍关怀”。在资源有限的情况下，首先强调对所有幼儿的集体责任，而不是基于个体的母爱亲情。这种“一视同仁”的原则，旨在将有限资源包括情感资源公平分配给所有革命后代，确保前线将士无后顾之忧。这种制度性的自我割裂与情感重构，为战火中的乳儿们筑起了一个特殊的生命庇护所。

乳儿刘丹勇的情况跟杨新华很相似，她的父母都是胶东育儿所的工作人员，母亲姜书民曾经是胶东育儿所的保育干事，父亲是搞后勤工作的会计。刘丹勇出生在 1951 年，当时虽然全国解放了，但由于新中国建设的需要，很多乳儿的亲生父母还来不及回来接孩子，所以育儿所的保育员和乳娘自始至终都把每一个乳儿当成自己的孩子来养护。

刘丹勇出生 40 天后，母亲就把她送到了乳娘家里。她在乳娘家里时，乳娘总是想着办法给她做好吃的。有时候“从山上逮一只小麻雀、小青蛙啥的，她都处理好、洗好了，拿玉米叶包着，放点儿盐，埋在草木灰里面，烧一烧给我吃”。“我乳娘对我可好了，我从心里面依赖她。后来她老了，每次回家看她，我都得抱抱她。从感情上说，我觉得她比我自己的父母还要亲！”刘丹勇说，“我的亲生母亲还有三个姑娘，但是我乳娘家没

胶东育儿所内部场景图　　电影《战争中的母亲——胶东乳娘》资料图

胶东育儿所部分乳儿影像

电影《战争中的母亲——胶东乳娘》资料图

有姑娘，都是儿子，我就当我乳娘唯一的姑娘吧。”长大成人后的刘丹勇像亲生女儿一样陪年迈的乳娘过节、赶集，为乳娘添置各种生活所需，成了乳娘的贴心“小棉袄”。这种亲情一直陪伴到乳娘终老。

这张照片（第27页）中前排右一被抱在怀中的小孩就是刘丹勇，她的妈妈姜书民作为工作人员在前排左一中出镜。这张照片一度是刘丹勇的一个心结，成年后的她经常问母亲：“那张照片上你怎么不自己抱着我照相，还得给别人抱？”母亲总是回答说：“我自己抱你就没有心思再去抱别的小朋友了，必须把全部心思都放在别的小朋友身上。不能光顾自己，要为大局着想。”

“若抱自己孩子，便无心力照顾他人。”当姜书民将全部心思放在别的小朋友身上，当传统家庭的情感互动机制被革命大家庭的集体归属感所取代，非血缘关系的情感纽带就稳定建立起来了。这一方面弥补了战争离散的家庭结构中孩子情感安全的需求，另一方面也强化了“一切为了前线”的革命叙事，将个人母爱升华为对家国情怀和革命事业的奉献。孩子们在统一节奏的作息中感受秩序，在集体游戏的喧闹里获得安全。无差异的母爱不仅满足了儿童的情感需求，更塑造了孩子们对革命大家庭的归属感，并将革命伦理内化为生命本能。那些刻意压制的亲子互动，最终发酵成更具超越性的情感联结——不是基于生物基因的天然亲近，而是植根于革命信仰的精神共生。

二、基于国家主流意识的共同体叙事与群体性革命母亲的集体记忆

这部胶东乳娘乳儿口述史以三重主体（八路军母亲、乳娘、乳儿）的集体记忆，交汇形成了集中华民族共同体意识的宏大叙事与革命母亲的微

胶东育儿所工作人员合影，前排右一婴儿为刘丹勇，前排左一为刘丹勇的母亲姜书民（刘丹勇供图）

观叙事相融通的历史坐标，希望能为相关研究提供历史注脚与实践范式。八路军母亲以骨肉分离投身抗战成就了家国大义，胶东乳娘以超越血缘的哺乳行为缔结了战时胶东根据地后方的特殊革命家庭，乳儿以双重身份勾连了生命延续与革命传承。对这个革命母亲群体的记忆挖掘，使国家叙事和集体记忆的存续不再依赖制度性书写，而是根植于代际传递的情感共鸣，诠释了中华民族共同体“命运与共”的精神内核——个体的牺牲与奉献经由集体记忆的淬炼，升华为超越地域与历史的文化基因。

根据德国社会学家斐迪南·滕尼斯的共同体理论，共同体是以统一和团结为特征的社会联系和组织方式，它以血缘、地缘和精神共同体为基本形式。共同的意志、信仰和社会心理是维系一个共同体的重要精神因素。这种体现民族认同和家国观念的共同体理论后来被广泛应用在口述史书写与研究中。本口述史主旨在于记录战争背景下的伟大母爱和人性光辉，胶东乳娘宽阔的胸怀、博大的悲悯与仁慈，最终反映的是中华民族的血脉基因和文化积淀。采访的每一位主人公既是历史亲历者，也是个体记忆与集体记忆的物质载体。通过对每一位亲历者做口述史访谈，对其记忆做提炼、取舍、整合，在历史与当下之间、群体与个体之间、宏观与微观之间建立一套共同体叙事逻辑，并从民族自觉的命运共同体、优秀传统文化的地缘共同体和革命历史文化的精神共同体三个维度形成口述结构。

（一）命运共同体：民族自醒自觉的记忆构建

在命运共同体视域中，国家命运、集体命运和个体命运密切关联。从 1931 年到 1945 年，因日本入侵而将中国人民卷入的 14 年抗战，是对中华民族国家命运的严峻挑战。个体命运、集体命运和国家命运都被这一历史事件深刻影响和重塑。在关于命运共同体的相关文献中，与本文语境相近的当属美国社会学家彼得·贝尔提出的“命运共同体是描述极端情况下群体形成过程的术语，它涉及从大规模的突发事件或危难中产生临时性社会凝聚力的模式”①。根据其理论，群体与个体共同经历的历史事件既促进个体成员间的密切关联，又在此基础上形成一种集体性认同，这种集体性认同就是历史记忆的重要组成部分。与命运相抗争的共同行动塑造了他们对人生际遇的共同认知与行为模式，形成了共同体成员间进行历史叙事的集体记忆和认知框架。

在真实的胶东根据地历史中，战争令无数家庭的丈夫、妻子、儿女成为保家卫国的战士，很多英勇抗战的妇女干部，生了孩子却无法亲自抚养，在坚持抗战和骨肉亲情的两难抉择中经受着痛苦的煎熬。战争也改变了孩子们的命运，他们一出生就要告别亲生母亲的怀抱，以“乳儿”的身

2020 年 11 月，笔者带队在马石山烈士陵园举行拍摄前的集体祭拜仪式

① 周晓虹：《集体记忆：命运共同体与个人叙事的社会建构》，《学术月刊》2022 年第 3 期，第 151-161 页。

份在胶东抗日根据地的后方辗转别离；对于生活在战争阴霾下的普通百姓尤其是胶东乳娘来说，她们哺育的每一个乳儿都代表着家国的希望。亲生母亲、乳儿和乳娘，他们作为命运共同体的一分子，有着基于民族自觉的全面而深刻的情感认同和价值认同。他们态度坚定，彼此感染又共同激发了面对外侵时团结协作的命运共同体意识。因此，作为共同体成员的乳娘和乳儿，他们的个体叙事都可以构成对于那段历史集体记忆的一部分，在此基础上的记忆生成可以为国家历史的宏大叙事提供个体经验的具体补充。本书通过三个篇章 44 个人物的访谈梳理，以胶东乳娘和乳儿的口述内容构建了前线母亲、胶东乳娘、乳儿三个群体人物群像的塑造，探索并建立集民族抗战史、社会发展史、个人心灵史于一体的丰富而珍贵的口述档案，以纪实影像与口述著作相结合的手段将中华民族的革命精神呈现出来。

（二）地缘共同体：优秀传统文化的记忆构建

地理环境是形成民族文化、民族性格、民族心理的重要因素。黑格尔认为："一个地方的自然类型和生长在这方土地上的人民的类型与性格有密切关系。"[①] 基于地理环境差异而不断形成的地缘共同体文化，主要体现在地域框架下的精神文化、物质文化或制度文化的集体性文化现象。比如齐鲁文化、巴蜀文化，比如内陆文化、海洋文化。从地缘文化角度来看，胶东乳娘精神植根于齐鲁传统文化的深厚土壤，而齐鲁文化是构成中国传统文化精神的基础。齐鲁文化的内涵概括来说包含"自强不息的刚健精神、崇尚气节的爱国精神、厚德载物的仁道精神、聪明睿智的创造精神、

① 黑格尔：《美学》（第 3 卷上册），商务印书馆，2011。

胶东育儿所档案资料　　电影《战争中的母亲——胶东乳娘》资料图

胶东乳山一带民居　　电影《战争中的母亲——胶东乳娘》资料图

勤劳勇敢的奋斗精神、民贵君轻的民本精神、内圣外王的人格精神、中庸和谐的和合精神、求真务实的实干精神、德行天下的义礼精神”[①]。作为一种地缘共同体文化，齐鲁文化也建构了中华民族传统文化的基本内涵。齐鲁文化在融合发展的漫长历史进程中，其所追求和倡导的基本精神也对中华文化乃至世界文化的形成与发展作出了重要贡献。有专家认为，齐鲁文化还具备以下地缘共同体文化特质：非官方的正统性，“崇德”及“尚仁”的道德追求，士“志于道”的古典人文精神。[②]

任继愈研究过构成齐鲁文化支脉的齐文化。他认为文化是社会现象的一部分，每个时代的文化现象是该时代历史现象的一段横断面。而“齐国具有在中国东方滨海的地缘优势”[③]。在胶东，齐文化与更具开放性的海洋文化相融合，滋养了胶东人民勇担道义、深明大义、伸张正义的突出品格和恪守诗书传家、忠厚传承的家风家貌。这些优良品质集中体现在胶东乳娘的行为表现和群体意识中。本口述史将这种文化认同植根于共同体叙事视野，将母爱与牺牲的情感叙事与宏大背景的历史叙事有效结合。

抗战时期的齐鲁大地产生了多个优秀的革命母亲群体：沂蒙六姐妹、沂蒙母亲、沂蒙红嫂。她们是沂蒙精神的内涵载体和文化符号。这些英雄母亲形象通过各类艺术媒介讲述和传播，早已广为人知。从地缘共同体的角度，胶东乳娘群体与沂蒙母亲群体同宗同源，有着共同的文化联系。胶东乳娘呈现出的齐鲁文化优秀品质，是对齐鲁优秀传统文化的继承和发展，具有鲜明的地缘共同体文化标识。

---

① 张友谊：《论齐鲁文化的基本精神（上）》，《理论学习》2016年第6期，第40-44页。

② 魏建、贾振勇：《齐鲁文化特质及其演变复杂性的再认识》，《齐鲁学刊》2003年第3期，第102-107页。

③ 任继愈：《齐文化的产生和研究齐文化的意义》，《济南教育学院学报》1999年第1期，第3-4页。

纪念碑　　电影《战争中的母亲——胶东乳娘》资料图

胶东乳山一带山景　　电影《战争中的母亲——胶东乳娘》资料图

（三）精神共同体：革命历史文化的记忆构建

历史记忆通常也被认为是人们对过去的记忆与表述。关于“历史记忆”的概念，最初由莫里斯·阿布瓦赫在《集体记忆》中提出，“意在强调历史带有记忆的性质”①。后被应用于历史研究、社会研究、文学研究、电影研究等各学术研究领域。到了20世纪90年代，扬·阿斯曼和阿莱德·阿斯曼夫妇提出了“文化记忆”概念。根据其文化记忆理论，“文化记忆概念关注的是记忆在多大程度上是由社会和文化决定的”。“除了个体自身的纽带记忆外，还存在一种真正的、更有力的集体记忆，这种集体记忆的首要任务是传递集体认同”②。

胶东抗日根据地的历史渊源，本质上也是半岛地缘特质与近代民族危机相互作用的产物。从甲午海战战败到“二十一条”危机的地缘政治冲击，塑造了胶东人民的群体性抗争传统。胶东乳娘群体的诞生，一方面是这种革命历史基因在胶东根据地发展进程中的性别化呈现，另一方面是胶东半岛独特的地缘环境与革命历史传统的双重塑造。胶东半岛三面环海，昆嵛山、牙山、艾山、大泽山等山脉从东往西构成了一道道天然屏障，每个山脉之间遍布了众多的隐蔽岩洞与分散型村落，为红色革命队伍发展壮大和胶东乳娘跨血缘哺育革命后代提供了相对安全的物理空间。

胶东乳娘群体的诞生，还与党的全面抗战路线息息相关。从昆嵛山根据地到天福山起义，再到整个胶东抗日根据地，共产党执行的发动群众、武装群众、依靠群众对日作战的全面抗战路线，让胶东人民真切感受到共产党和八路军是为人民谋利益的政党和军队，提高了胶东人民的思想自觉

① 屠含章：《历史记忆、历史—记忆或历史与记忆——记忆史研究中的概念使用问题》，《史学理论研究》2022年第1期，第71-81页、第159页。

② 扬·阿斯曼、陈国战：《什么是“文化记忆”》，《国外理论动态》2016年第6期，第18-26页。

新华制药厂旧址

和行动自觉。胶东妇女送夫送子参军、踊跃支前生产，而处于哺乳期的胶东乳娘们则默默担负起哺育革命后代、解决革命队伍后顾之忧的神圣使命。可以说，党的全面抗战路线使各个群体成员空前团结，并汇聚起强大的精神力量，在胶东根据地形成了一种空前的集体性认同。在本部口述史的创作过程中，将这种历史文化认同植根于系统叙事之中，并以胶东乳娘群体形象为具体承载，将军民同心、生死与共的情感交织转化为来自共同体叙事的温情表达，进而演化为胶东乳娘精神的基因和传承符号标识。这种源自命运共同体、地缘共同体和精神共同体的深层互动，希望能为研究抗战时期根据地妇女革命斗争的多样形态提供典型样本。

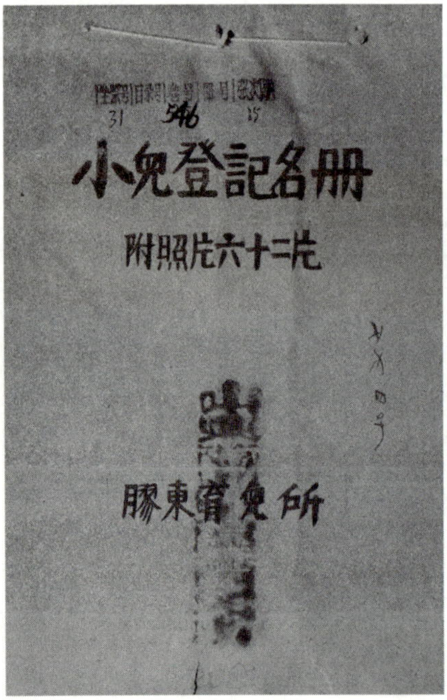

《小儿登记名册》封面图

《胶东医刊》封面图

电影《战争中的母亲——胶东乳娘》资料图

三、基于记忆偏差的校正溯源与单一证言和多源互证的发掘诠释

与其他题材口述史相比，本口述史在研究过程中存在信息庞杂、史料验证、记忆偏差与重构、历史语境还原、情感创伤、叙事边界等多方面的突出问题，对这些资料的梳理分类、编辑校正、对比核查工作需要耗费大量的时间、精力、体力和心力。为此，笔者在创作初始阶段就布局建立了跨学科协作机制，依托电影创作搭建了数字化影音资料库；逐步建立起受访者群体及关联人背景关系、成长历程、影像史料档案库，实现影音素材、档案文本、采访场记、影像史料的交叉验证，在价值维度上追求历史真实与主体表达的辩证统一。

（一）平衡记忆偏差与历史真实性问题

1. 受访者个体记忆偏差

口述史涉及“历史真实”与“记忆重构”的辩证关系，需妥善处理好受访者的主观性与历史客观性之间的关系平衡。受访者主观性主要体现在记忆偏差与选择性记忆两方面。随着时间的推移，胶东乳娘及关联群体的数量逐年减少。8 年前正式采访时，乳娘和绝大多数保育员均已 90 多岁高龄；乳儿群体的平均年龄是 75 岁，年龄最大的出生在 1940 年，真正是一场与时间赛跑的寻访记录之旅。这些受访对象因年龄、健康等原因，对一些历史事件、人物关系的描述可能出现记忆偏差和混淆，包括人名、地名、时间、事件经过等。此外，个人的经历、情感、立场、认知等因素也导致部分记忆的失真和失衡，使口述史料的准确性受到一定影响。乳娘姜明真舍子保乳儿的故事广为人知，但是在讲述她和婆婆带着俩孩子为反

“扫荡”躲在山洞的段落时，出现了对细节和过程描述有差异的口述版本，这主要源自战争记忆的代际传递带来的记忆偏差。虽然对核心事实并无影响，但是笔者需要在书写过程中对各个版本做辨析比对，确保记忆偏差在最小范围内。

2. 社会性记忆偏差

记忆偏差不仅出现在受访者的口述内容中，也体现在各个时期的社会历史叙事中，比如公共传播记载偏差、历史档案记载偏差。公共传播记载中可能存在乳名、学名称谓不统一，或姓名在口传中被误记的情况。关于乳儿司晓星与司晓光的关系描述，有官方资料记载的是兄妹关系——“福星和哥哥司晓光合影”——而现实中两人是姐弟关系。姐姐晓星出生在 1942 年，弟弟晓光出生在 1945 年。历史档案中可能存在同音不同字或化名情况，比如战争年代许多革命者使用化名，或因从事隐蔽战线工作，经历和事迹未被系统整理存档。公共传播和历史档案均属于集体话语体系的重要部分，这种作为集体话语体系的历史叙事会干扰影响相关受访者的表述，甚至会影响实际当事人的现实生活历程。

在 1955 年 5 月 7 日至 9 日，已更名为乳山县育儿所的胶东育儿所在《大众日报》连续 3 天刊登寻亲启事，为新中国成立后无人认领的利惠(李丽惠)、振勇（于致荣)、吴云光、于云明等九位小朋友寻找生身父母。在寻亲启事中，利惠的身份信息显示：父亲吴钊，母亲信息不明。寻亲未果后，长大成年的李丽惠根据“父亲吴钊”的信息在全国各地寻找生身父母多年，耗费大半生心血却依然奔走在寻亲的路上。

我有过多年职业记者经历，曾悄悄帮助李丽惠调查过她可能的亲人。我后来查到了广西南宁一位叫吴钊的烈士后人，经过照片比对，相似度较高。吴钊烈士是壮族，长女 1945 年出生，长子 1947 年出生。年轻时的吴钊是读书人，家境殷实，1945 年前后就已经参加革命。获得这些信息后，我又对比查询山东省档案馆相关资料，发现省档案馆资料中，关于利惠的儿童调查统计表显示：李惠，母亲姓名吴钊，父亲一栏空白。由“父亲吴钊”到“母亲吴钊”，历史档案的记载偏差，导致帮助利惠寻亲的这条线索不得不终止。历史总是在不经意间给我们留下无尽的遗憾。

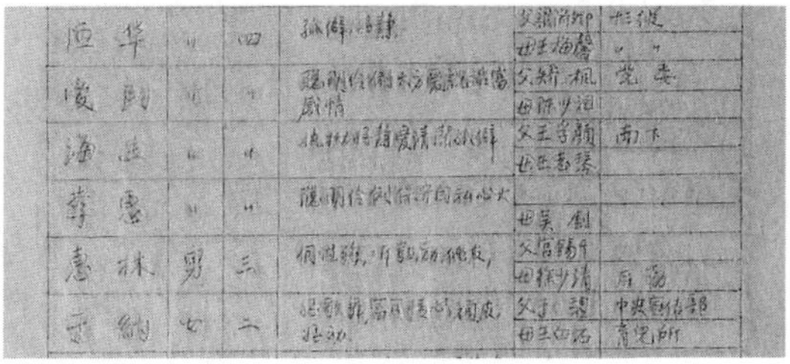

乳儿信息登记表

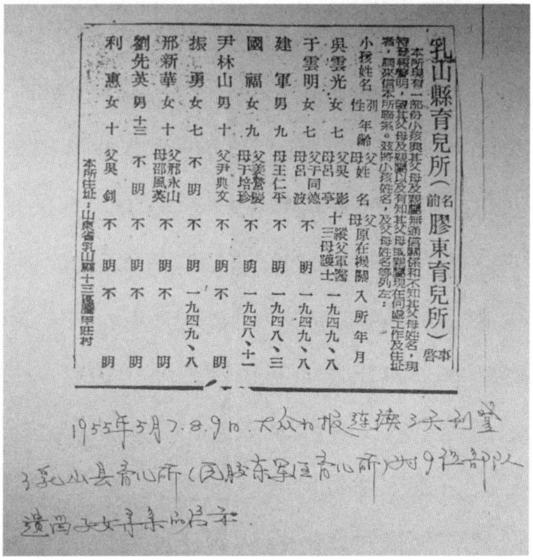

乳山縣育兒所（前名膠東育兒所）啓事

本所現有一部份小孩與其父母及親屬無通信關係和不知其父母姓名，現特登報聲明，望其父母及親屬以及有知其父母及親屬現在何處工作及住址者，請來信本所聯系。茲將小孩姓名，及父母姓名等列左：

小孩姓名	性別	年齡	父母姓名	父母原在機關	入所年月
吳雲光	女	七	父吳影 母呂亭	十縱父軍醫 十三母護士	一九四九、八
于雲明	女	七	父于同德 母呂波	不明	一九四九、八
建軍	男	九	母王仁平	不明	一九四八、三
國福	女	九	父姜鶯璣 母于培珍	不明	一九四八、十一
尹林山	男	十	父尹典文	不明	不明
振勇	女	七	不明	不明	一九四九、八
邢新華	女	十	父邢永山 母邵鳳英	不明	不明
劉先英	男	十三	不明	不明	不明
利惠	女	十	父吳釗	不明	不明

本所住址：山東省乳山縣十三區[illegible]甲旺村

1955年5月7.8.9.10.大众日报连续3天刊登了乳山县育儿所（原胶东军区育儿所）为9位部队遗留子女寻亲启事

胶东育儿所为九位部队遗留子女在《大众日报》上刊登寻亲启事

关于受访者口述中的时间记忆偏差，有不同乳儿关于同一问题的时间表述不一，比如关于晓星和晓光姐弟何时被父母从育儿所接走的问题，晓星记的是1952年，晓光则说是1954年，因无其他考证信息，且与重要事件关联不大，本书以呈现各自原貌为准，未做校正。

平衡记忆偏差与历史真实性问题需要综合运用多种方法和策略，本口述史通过多源互证、访谈技巧、交叉验证等方式手段，对记忆偏差进行必要的处理和分析，构建科学合理的平衡机制，以确保研究内容的准确性和可靠性。具体主要采取两种形式：对同一事件进行多次访谈，将不同个体间的口述内容做对比互鉴、交叉验证；将个体口述内容与文献史料、档案资料、媒体宣传、实物史料等进行对比互鉴，以核实口述内容的真实性和准确性。

对与本口述史结构内容无关或不确定性的内容，本口述史未有录入。对于可以填补文献档案空白的内容，比如育儿所日常饮食、游戏娱乐方式、各类儿歌童谣等细节问题，本口述史做了重点研究和呈现。

（二）情感困境与现场情绪的文本化表达问题

如何平衡历史记录需求与对受访者的心理保护，是采访过程中贯穿始终的一个伦理难题。作为抗战时期女性题材口述史，本项目研究首先在于弘扬抗战精神，激发民族自豪感和爱国情怀，警示后人珍惜和平、勿忘国耻。此外，本项目还致力于系统呈现那段革命历史及战争背景下的女性力量和生命成长，为中国妇女运动史研究提供借鉴资料和视角，也为革命老区红色基因注入新的精神财富。但在实际采访和研究过程中发现，叙事话题的基调首先要涉及战争带来的抗战动员和对战争环境下生存策略的被动回应，比如生死存亡、生离死别、战时家庭重组、亲情伦理重建等问题，以及与之相对应的社会变迁所带来的成长困惑问题。对这些话题的重述几乎引发了绝大多数受访者的情感困惑。

一方面，战争的灾难迫使以血缘为核心的母爱情感延展到了公共空间，母爱可以通过非血缘关系被重新建构。母亲要上战场保家卫国不得不舍下亲生骨肉，乳娘要协助守护后方不得不把母爱换位给前线作战的八路军的孩子，被暂时压抑的骨肉亲情，最终在“一切为了前线”的宏大叙事中找到了更崇高的精神寄托。这种超越血缘的情感共同体，是对人性与信仰、个体情感与家国责任的主动超越和重构，不仅保障了战时儿童的生存和情感安全，也在精神层面完成了革命接班人的塑造，这种塑造以一种集体主义的价值观根植在每一个乳儿身体记忆的最深处。

另一方面，战争年代特殊的“母爱建构”对乳儿们的心理产生了长期影响。战争结束后，乳儿要回到亲生父母身边，他们在幼年成长过程中与乳娘建立起的哺乳亲情，在和平年代再次面临割裂和重组。他们要告别早已熟悉的母亲和家庭，融入另一个陌生的母亲和家庭中。本次访谈的每一位乳儿都经历过这种痛苦的心灵创伤和成长撕裂，对他们的每一次采访都是对这种创伤的伤感回望和审视。在采访过程中，乳儿们的每一滴泪水都是对这种心理创伤的映照和投射。

情感困境也同样体现在对乳娘的采访中。每一个日夜的守候，每一次拥抱哺乳，累积建立起的是乳娘和乳儿双方难以割舍的亲情关系。当乳儿恋恋不舍要离开乳娘，当乳娘眼含热泪将辛苦养育大的乳儿送还给亲生父母，情感的撕裂同样影响了这些乳娘的晚年生活。每一个哺育过的孩子都是乳娘终生的牵挂，有的乳娘在临终前还盼着能再看一眼乳儿。此外，乳娘还要面临另一种情感困境，在食物短缺的时代，乳娘往往把有限的食物优先喂养乳儿，自己的亲生骨肉却得不到最优的照顾，由此产生的情绪会在未来的某些时间令乳娘们陷入情感困境。乳娘陈淑明的晚年困惑即是如此，甚至在访谈中因回忆失去孩子的经历而情绪失控。

口述史的记录需求与对受访者的人文关怀，是采访者必须妥善处理的职业伦理问题。在具体采访过程中，除了建立信任关系、渐进式访谈、引导受访者围绕主题叙述等技巧性处理之外，项目组尤其注重对每一位受访者的访前研究，充分了解每一位受访者的背景故事、成长经历和历史事件的相关信息，对可能产生的疤痕性记忆做特殊标记并设计好柔性采访方案。在采访过程中，有许多受访者现场情感的真情流露和情绪起伏，比如方言词汇、声调变化、沉默间隙等非文本信息，都通过影像形式得以永久留存，但是如何用口述文字的形式还原现场情境和受访者情感状态，也是口述史要面对和解决的重要问题，这些细节处理留给读者在口述正文部分阅读感受。

（三）方言信息处理与叙事边界限制问题

由于受访者的身份地位、文化程度、表达能力各有差异，可能会影响其对某些事件的观点和记忆。也有受访者面对镜头讲述的逻辑性和流畅性较弱，导致很多应有的内容和细节得不到准确表述而留有遗憾。另外，受访者遍布全国各地，口音各有不同，口述中方言内容的准确记录成为一个大难题。项目组通过寻求方言翻译和访前学习，结合对公共传播记载、历史档案记载的相关信息做对比取舍，确保口述内容的准确性和完整性。对于难以确定的局部信息，在文中做了标注和注释处理。

本书曾一度想用采访问答的形式书写，因为可以更好地还原口述现场氛围，后来出于对读者阅读习惯的考量，删除了笔者的采访提问部分。但书中也有部分内容为了访问情境和现场情感的展现，保留了笔者的简单提问。

有的乳儿在采访完成之后，又陆续提供了一些文字内容，但由于口语和书面语言的不同阅读感受，笔者仅把后来的这些文字作为资料留存下来，并没有将其纳入本书的书写中。

抗战口述史因天然具有红色文化基因而从属于爱国主义教育体系，导致研究视角出现单一化现象，这也给口述史的研究框架和叙事边界造成了限制。例如，对乳娘的访谈较少探讨其作为普通女性的生存困境，对乳儿的访谈较少对其在不同成长阶段的情感困境做深入探讨，而这些恰恰是更具社会化意义的课题。此外，由于部分档案尚未解密，有些口述资料与文献互证存在困难而不得不舍掉，这也构成叙事受限的一个原因。

山水无言，见证变迁。2015 年，“马石山十勇士”的旗帜作为抗战胜利 70 周年大阅兵的第一个英雄方队，在天安门广场接受了祖国和人民的检阅。

如今，又一个 10 年过去了，又一个春天到来了，马石山依旧巍峨地横亘在那里。

山海交融，苍苍莽莽；

海山相望，山高水长。

不远处，掩映在绵绵山脉腹地中的胶东育儿所，安静地矗立着，似乎在诉说着胶东乳娘的苦难与辉煌。

古罗马哲学家塞涅卡曾说：“我们何必为人生的片段而哭泣，我们整个生命都催人泪下。”这句话被广泛引用并解读为是对生命本质的深刻洞察。此刻，站在 80 年光阴的节点回望过去，迎面而来的不仅仅是血火抗战中家国蒙难的坎坷和悲壮，还有中国妇女不畏牺牲、英勇抗争的壮阔和多彩。那些已然远去的乳娘、正在步入耄耋之年的乳儿，他们用被战火淬炼过的生命告诉我们，生命的价值不在于避免哭泣，而在于让泪水浸润过的这片大地，重新长出崭新的春天。

第一篇

生死与共，

革命母亲深情托孤奔赴前线

司晓星（左）与司晓光（右）在育儿所时的合影

司晓星：

临走的时候，俺妈上育儿所去看了我和俺弟弟

司晓星（约 1942.5—2022.5），女，乳名福星，也称晓星，胶东育儿所乳儿。出生于山东省乳山市凤凰崖村，出生两个月被送到胶东育儿所。司晓星生前是山东省聊城市人民医院主治医师。

关 系 人：

姜明真（1916.3—2006.5），司晓星乳娘，山东省乳山市崖子镇东凤凰崖村人。

司绍基（1913—1999），司晓星父亲，山东省东阿县大桥镇毕庄村人。1937 年参加革命，1939 年加入中国共产党。曾任山东人民抗日救国军第三军第一大队大队长，六十一团团长。

王菊卿（1919.8—1998），司晓星母亲，山东省蓬莱市人，1939 年参加革命，抗日战争时期曾任胶东军区医院医生。

司晓光（约 1945.2— ），司晓星弟弟，胶东育儿所乳儿，现居山东省聊城市东阿县。

田宇（1972.10— ），司晓星女儿。

受 访 者： 司晓星

采访时间： 2019 年 11 月 14 日下午

采访地点： 山东省聊城市

采 访 者： 笔者

出生在胶东根据地，杏满枝头的日子

我是 1942 年在乳山市凤凰崖村出生的。我出生的具体日子爸爸妈妈都不记得了，就光说我出生的时候正好有杏儿。俺爸爸告诉我说，是杏子熟了的时候生的我。当时他带兵打仗回来了，刚回来就接到通知说我出生了。那时树上满满的杏子，按现在来说可能就是阳历的 5 月份。

我爸爸叫司绍基，我妈妈叫王菊卿。我爸爸是 1937 年参加革命的，我妈妈是 1939 年参加革命的。我爸爸在抗日第三军，是一名干部，在外带兵打仗，参加过雷神庙战斗和天福山起义。我妈妈是胶东医院的工作人员，是医务工作者。

我妈妈生我以后还得去打仗，要抢救伤病员，不能带着我，所以就把我放到了胶东育儿所。我妈妈送我去胶东育儿所的时候，我只有两个多月大。

那时到处打仗，打日本鬼子。俺爸爸俺妈妈都跟我说：你小的时候是在老百姓家里长大的，是老百姓养活的你。但是哪个老百姓，叫什么名字，他们都不知道。因为我出生两个月俺妈妈就把我送到了育儿所，不到 6 个月育儿所又把我送到俺乳娘姜明真妈妈家里。当时胶东地区的形势很紧张，为了避免敌人对我们造成威胁，所以育儿所就把我们又疏散到老百姓家里藏了起来。我就是在这样的情况下到了我乳娘姜明真妈妈家。

我心里觉得乳娘才是俺妈。

为保护我，乳娘姜明真牺牲了自己的亲生孩子

我乳娘叫姜明真，她的家在乳山凤凰崖村。姜明真妈妈是一个挺和蔼、不着急的人。我五官都有点儿像她，她有点儿耷拉嘴角。俺这个妈妈很善良，她对我是最亲最亲的。她有什么好东西、好吃的都是我优先，她优先照顾我。我乳娘一直讲，人家孩子父母冒着生命危险在前线打仗、流血牺牲，俺们就得优先照顾人家八路军的孩子，不能叫八路军的孩子吃苦。她做到了，俺乳娘做到了。

我乳娘家是一个革命家庭，她老伴也是一个老革命，好像当时也是在当兵，所以把我送到她家养着，很安全。我乳娘整天抱着我，我一直过得很舒服，比我乳娘自己的那些孩子都舒服。

我乳娘本来有五个孩子，三个儿子，还有两个闺女，但有一个替我死掉了。

日本鬼子“扫荡”那会儿，老百姓都往山上跑，都到山洞里去藏着。鬼子一来，俺乳娘抱着我，抱起来就跑。她的孩子，也就是替我死掉的那个小哥哥，比我大 8 个月。俺乳娘就把她亲生的这个孩子单独放到一个山洞里，然后和她的婆婆抱着我藏到另一个山洞去了。因为我这个小哥哥好哭闹，当时他还咳嗽，所以就避开他那个山洞，就是为了保护我别出事儿。我也哭，俺乳娘就给我喂着奶，抱着我。她是拿她自己孩子的命换了我的命。每次想到这里，我就很难过。(抽泣)

我那个小哥哥一个人在那个山洞里哭，日本鬼子在那里“扫荡”，他扒拉着想爬出来，他的手扒得血肉模糊。他是连抓带哭，连惊吓带受凉，又受伤了，回去两天就死了。乳娘为了保护八路军的孩子，牺牲了自己的孩子。所以说我对我的乳娘有着还不清的情，她孩子是替我死的。她的亲生儿子换了我的命。

我这个妈妈很辛苦，下着雪上河里给我洗衣裳；奶水不够吃，就喂了一只小山羊，单独地给我挤奶喝。我忘不了我乳娘，忘不了那里的老百姓，忘不了胶东革命老区。我一辈子都忘不了那里，我夜里做梦都梦到那里。

我在姜明真乳娘家里住了好几年。她家在一座很高很高的山上，是一个茅草屋。通往她家的路很窄很窄，都是一些大石头块，不好上，所以我乳娘家那个地方比较安全。日本鬼子“扫荡”的时候都不容易上去。我一直在乳娘家住到了四五岁的时候才走，我对我乳娘的感情是很深很深的。

我的乳娘养我很不容易。那个时候我乳娘抚养我都是要保密的，怕有坏人。藏八路军的孩子是会丢性命的。因为日本鬼子老是来“扫荡”，只要一来鬼子，俺乳娘抱起我就上山藏起来。我模模糊糊还记得我乳娘家门前有一块大石头，那次下大雪，早晨起来雪都封了门了，上面那雪棱子都滴答下来，我站在底下都能吃到。

我在乳娘家里断断续续好像住了5年左右。因为形势好了以后就得安全地撤回到育儿所去，但是走的时候我不愿走。我记得当时我在乳娘家里，他们去拉着我走，当时还有一个小朋友也要拉着走，我抱着一棵树就是不走！俺两个人都不走。一些工作人员都去拽我，我就对那些人连踢带打。到黑天了，也不知道怎么着就把俺弄走了，送到育儿所去了。

我回到育儿所以后就生病了，得了肺炎。我乳娘听说后，就拿着一篮子鸡蛋到育儿所里去看我。那次我生病，差点儿就死掉了，也多亏了阿姨们倒着班照顾我。我发烧，发烧以后出大汗，后来慢慢地就又活过来了。俺姜明真妈妈到了育儿所，我一看到她来了挺高兴，就跑她跟前去，跟俺妈妈在那个大炕上玩。因为我长病（**生病**）不爱吃饭，育儿所阿姨就把俺乳娘叫去哄我，目的就是糊弄着我吃下鸡蛋增加营养。我看到俺乳娘后非常高兴，就把鸡蛋都吃了。

再以后，俺乳娘再去的时候，她不进门。她在门口，悄悄在边上朝里看，不进去。我现在寻思，也可能是她怕，也可能是育儿所的阿姨怕，怕我再要哭要闹跟着俺乳娘走，所以俺乳娘都是偷偷摸摸地去看看我。有时还拿点儿花生，有时带鸡蛋，让阿姨给我送去。因为育儿所战时形势动荡不定，从那以后，我就没大见过俺乳娘。

我这一辈子，就是跟俺这个乳娘最亲最近，她就是我的妈妈。

在育儿所，儿童节演过大螃蟹

我记得我在育儿所里走了很多的地方。那会儿还打游击，形势不稳定。有时候鬼子来了以后，就得带着孩子们到处跑。上过桃村，上过田家庄，还上过莱阳。只要鬼子一来，这个育儿所就得赶快转移。

后来育儿所就搬到了腾甲庄，胶东育儿所在腾甲庄时间挺长。我和小朋友慢慢地就熟了。我在育儿所被照顾得真好，吃饭，睡觉，一人一个小床。吃饭的时候都是在餐厅里，10个人一张桌子吃饭。晚上睡觉的时候，提前先喝水。每天都是这样，而且要刷牙、洗脸，每人一个放洗脸盆的架子。早晨起来以后，一人一个小袋子，那里面有糖啊、点心啊、苹果啊等吃的东西。

早晨起来，每个人到每个人的位置，有牙膏牙刷，阿姨把水全部给你倒好，照顾得相当周全。俺那些乳娘、俺那些阿姨也没少付出，谁不吃饭了、病了，就搂着、抱着，一口一口地喂。我这一辈子最幸福的时候就是在育儿所，就是在乳娘家里。

我现在想想对保育员印象深的就是王占梅阿姨。她长得挺漂亮，我第一次看见王占梅阿姨长得那么俊，就想她要是俺妈就好了。她很温柔，对孩子从来不发脾气，对同事也很好。

胶东育儿所的保育员帮助孩子们洗漱
电影《战争中的母亲——胶东乳娘》资料图

胶东育儿所的孩子们表演节目
电影《战争中的母亲——胶东乳娘》资料图

我跟王占梅阿姨时间不长，她不是我的保育员，但是我对她印象很好。她很年轻、很漂亮，她对待孩子很温柔、很周到。王占梅阿姨也教过我们唱歌。还有些阿姨我记不住名字了，但是她们也教我们唱歌，教我们跳舞。比较太平的时候，育儿所也经常出去旅游，去过烟台、威海，去过刘公岛，带着我们这些孩子去夏令营。

六一儿童节的时候，我演节目，我记得好像是在夏村一个大的礼堂里，我演大螃蟹。“螃蟹呀螃蟹呀多又多，一个螃蟹有八只脚，两颗牙呀大剪子，一个硬壳壳。”这都是王占梅阿姨教我们的，她很体贴很关心孩子。

王占梅阿姨虽然不能说比姜明真乳娘还好吧，但也可以说和姜明真乳娘一样好！那些保育员阿姨都是这么好！所以我们最听阿姨的话。我那个时候很调皮，但是没挨过打，也没挨过骂。我是育儿所里最调皮的一个，男生也没我调皮。

第一次与亲生母亲见面后，母亲又去了前线

我第一次对亲生母亲有印象，好像当时我妈妈的部队准备去前线打仗。临走的时候，俺妈上育儿所去看我和俺弟弟。俺弟弟也在那个所里，但是我不认识他。因为我在大班，他在小班，我都不知道他。俺妈妈去了我才知道有个弟弟也在这里。

我还跟着俺妈妈上河边去洗衣服，她当时戴着部队的袖章，我记得临走的时候她给我和俺弟弟在一块儿照的相，这张照片现在我还放着呢。

当时我妈妈说：“妈妈以后再来看你。”

（她）临走的时候，在夏村，腾甲庄后边是到夏村的一条路，离那里（育儿所）三里地，那些阿姨去送俺妈了。我就跟着阿姨一块儿去送，结

果俺妈给我留下了一块小手绢，手绢里外都是白的，只在当中有一点点红线给圈起来的。到后来这块小手绢也不知道哪儿去了，也可能是掉了。但我心里一直想着这块手绢，想起来我就想俺妈。

晓星、晓光与母亲在育儿所的合影（约1949年夏）

1952年，父亲通过组织，辗转找到了10岁的我

可能是1952年，我10岁的时候，俺爸爸通过组织在胶东一带找我，但始终没找着。因为我出生两个月就被送到了育儿所，然后又被育儿所疏散到老百姓家里去了。我爸爸妈妈都没有这些线索，也就没法找到我。所以我爸爸通过乳山政府查档案，查我们这一批孩子上哪儿去了。查到我消息的时候，我已经上文登烈士学校了。就是和育儿所一样的机构，是一个大孩子上学的机构。

我当时不想走。俺爸爸接上我以后，又到乳山接我弟弟，说你弟弟还在乳山等着你一块儿走。当时我们那些孩子今天这个被接走，明天那个被接走，说不想爸爸妈妈那是假的。人家有妈，咱没妈，心里也很难过。我就说俺有爸爸了，俺也有妈妈了，那些小朋友都羡慕得不得了。我就跟着俺爸爸，接上俺弟弟上了徐州。

我到徐州去住了不长时间，跟俺爸爸，跟一家人都不认识，我就不愿意待在那里。不愿在那里怎么办呢？我就写信，给俺学校写信，给胶东育儿所写信。因为我从小都没家，我的家就是育儿所，我乳娘的家才是我的家！我觉得徐州不是我的家，我得回育儿所。

我就准备跑，从那个时候开始找俺乳娘。我开始给胶东育儿所和烈士学校写信。我不停地找，打听我乳娘的消息，一直到我退休了，有病了，我就专门去找。什么都不干了，就是光找我乳娘。我想，我找到她就跟她说："妈妈，我坐在你腿上吧！我蜷着腿不压你，我坐在你腿上你再晃晃我！"

我有一次在窗台上跟俺爸爸闹，闹也不敢大闹。俺爸爸挺厉害，主要是我跟他们生活在一起，挺生疏。我爸爸问我："你上哪儿去啊？"

我说我回育儿所啊！要不就上烈士学校去，我得走！俺爸爸就说现在那个学校都没有了！不叫我走。

不叫我走我就写信。一开始写信还写错了，那次把收信人和寄信人写反了，信就寄给俺爸爸了。

我兄弟姐妹六个：晓星、晓光、晓明、晓晨、晓虹、晓升。

刚生我的时候，是抗日战争时期，要团结战斗，我就叫"晓星"；我弟弟晓光是抗日战争胜利那年出生的，看到光了，不再是黑暗了，叫"晓光"，这是俺爸爸告诉我们的。到后面司晓明，意思是快解放了，天快要明亮了，所以叫"晓明"；司晓晨，意思是太阳升上来了，因为当时已经解放了；司晓虹，意思是太阳升起来有很美好的一道彩虹；司晓升，意思是解放后要好好上升。

俺爸爸在部队上学了很多知识，他挺爱学习，喜欢写毛笔字。

李丽惠见过我乳娘

我参加工作以后，一个劲儿地找我乳娘，一直没找着。那个时候我还不知道她叫姜明真，光知道我有个老妈妈在胶东，我始终都没找着。俺爸爸光说我是在老百姓家长起来的，是哪个老百姓家他也不知道，具体在哪个地方他也不知道，所以我一开始是没有目的地找。

后来俺爸俺妈都去世了，我自己找就更难了。我每次到乳山那一带就住上两天，花两晚上住宿钱，但就是一直找不着，心里很难过！不知道俺妈妈在什么村，不知道俺妈叫什么名。

俺姜明真妈妈也在那里等着我，她成天盼着晓星回来。她怕鬼子知道这个孩子不是她的，又给我改名叫“福星”。

后来李丽惠去找她的乳娘，在一间小屋里，她一掀开帘子，看见俺妈穿着一件大棉袄，在那里等着。李丽惠问:“有人吗？”

“是晓星来了吧？”俺乳娘喊着。

李丽惠说:“大娘，不是，我是李丽惠，我们来看望你。”

俺妈妈就说我带的这几个孩子，我真想啊！这是李丽惠告诉我的。

这一段我想起来就心里很难过，这之前我跟李丽惠还不认识。我是抗日战争时期出生的，我只和抗日战争时期出生的小孩熟悉。李丽惠她们应该是解放战争时期出生的，都是后来到育儿所的，所以我都不认识。我跟李丽惠认识了以后，我一听她说这句话，心里难过的啊！我乳娘还想着我呢！我这个妈妈还想着我！

我有时候一个人在屋里睡觉，想起这件事来我就哭，现在我这个泪也不值钱了。

实际上那年我去的时候，她还活着呢！我就是在那个地方不认路，赶上天黑了，怕回不去，就没再往前找。我后来再次去乳山的时候，俺乳娘人就不在了。

想起这件事来我就很难过，这一辈子真是后悔死了！

漫漫寻亲路

我找过民政局，我去找了以后发现不行，不对路。我就挨着给各大军区写信。我的思路是，俺爸爸是在部队上，俺妈妈也是在部队上，那就从部队找线索。最后一封信我是给兰州军区写的，他们回复说你这件事不好找，最好在民政上找，又把我推到民政上去了。

我走的地方也不少，我在乳山、牟平、文登、烟台，挨着个儿地找。周围没人知道我家里的这个情况，人家都没在我那个时代生活过，没有这种体会，也不知道我有着一种特殊的感情。

我没事儿的时候就买张车票上乳山，坐到夏村汽车站，在汽车站对面花上几块钱住宿。白天我就带着馒头干，开始出去寻找。

有一次我从报纸上看到，是《威海晚报》访问姜明真，说她为八路军养了多少个孩子，其中一个叫晓星，也叫福星。晓星爸爸是八路军，名字叫司少基，不是司绍基，音同字不同。我想怎么这么巧啊？孩子和爸爸的名字都姓司，只是音同字不同，所以俺闺女就想法儿调查去了。结果考证了一个多月，确定姜明真就是俺乳娘。

俺全家人知道这个消息后，一家人都去了。我记得那时挺冷的，是11月份，车里很拥挤。去了之后我才知道，妈妈已经不在了。我见到她的孩子了，俺乳娘的儿子杨德亭，俺弟弟。

我从小没有家，找到俺乳娘家以后，我就有真正的家了。

从那以后，我经常带着老头儿去乳山，也带着孩子们去，到俺乳娘家，去俺这个弟弟家里住一阵。俺弟弟家挺困难，我觉得我比他好过，我能省的就省出来。我大胆地说，我一定得想法叫我这个弟弟和我的生活水平一样才行！我做不了别的，我乳娘不在了，我只有报答她的孩子。乳娘的孩子就是我的亲弟弟！这也是对我乳娘的一种回报。我跟我弟弟还有他媳妇走得都很近，成天视频，一视频能拉（聊天）3小时。

春节的时候，俺弟弟也到我这里来看我，我也上他那里去，就跟串亲戚的一样，俺家的孩子还有外孙都上这儿来。这个恩情我没法用金钱，也没法用话语来表达，我就觉得对他们很愧疚。

我总觉得我欠他们的，欠我乳娘的！这么些年我为什么找不着呢？我就怨我自己，我早几年找多好啊！我找到我这个老妈妈以后，我养得起她，我养她一辈子！

我从小没家，胶东育儿所就是我的家！我跟俺爸爸妈妈也不亲，我不认为他们是我的爸爸妈妈。

我总认为姜明真是我的妈妈！我对不起她，我真对不起她，我要早几年找到她，起码她得跟我享两天福，俺这个妈妈都没跟着我享一天福啊！（抽泣）

笔者： 您又想起了什么吗？

想乳娘，我没想我爸爸妈妈，我想我的乳娘。（默默流泪）

我死后要把骨灰撒在乳娘的坟前，我守着她，她守着我

我还记得，俺乳娘家门口有三棵大树。那一年，我回乳山去找，碰到一个村干部，我说我回来找俺娘，看看俺娘去。他说你娘是谁啊？我说俺娘叫姜明真，他说姜明真我知道，她不是你娘，她不是你亲娘！我说我知道，她比俺亲娘还亲。

你把我养大，我养你一生。乳娘就是俺妈！她养我这么大，没她就没我！将来我的孩子也要知道我是谁养起来的。我当时跟俺老头儿商量了，我说如果找到俺乳娘我就养着她！他说行，没问题！

人必须感恩！不能忘了咱老百姓，特别不能忘了咱老区的人民。因为

笔者与司晓星（右）合影（2019 年 6 月）

司晓星与女儿田宇合影（2019 年 11 月）

我家里人全是共产党员，我从小就是共产党养的我，胶东育儿所也是共产党创办的。

上前线打仗的是革命英雄，是有大功劳的英雄，但是我觉得后方这些乳娘，特别是我乳娘姜明真，也是英雄！我曾经发誓，我要给她立一个碑，但还没有实现。我光给她修了一座坟，给她立了个牌子，这是育儿所的小朋友和我一起出钱修的，年年都可以上那里去祭奠她。今年，我又去祭奠她。我是和育儿所的小朋友一起去的，大家都是我的家人，都是乳娘的孩子。

因为后来我病得很厉害，得了乳腺癌，后来又得了皮肤癌，我觉得自己没多长时间了，很悲观、很失望。所以在医院里，我就给俺大孩子交代，我说这一次我可能不行了，我给你说个事儿，我死了以后你别到别处埋我。我也跟老头儿说，我对不起你，我真不能跟你埋在一起，你以后愿在哪儿埋在哪儿埋，我要回我的胶东乳山，因为我没有家，那里就是我的家。

我跟俺老头儿说，你也别生气，我不是不要你了，我也可以给你一点儿我的骨灰，到时和你埋在一起。我跟孩子们说，要沿着上乳山的那条路，一路撒过去，撒到那个地方，最后要留一点儿骨灰埋到我乳娘坟前头。

如果他们不愿意叫我在那里的话，我说就把我的骨灰撒到大海里去，乳山的海、乳山的河都行。

我最终还是得回乳山。聊城不是我的家，我是乳山人，我是胶东人。

我得找俺姜明真妈妈啊！我守着她，她守着我。她把我养大，我要陪伴她一生。

司晓星（左）与司晓光（右）在育儿所时的合影

司晓光：

在办公室的东屋，母亲搂着我睡了一晚上觉

司晓光（1945.2— ），男，乳名晓光，出生于山东省乳山市凤凰崖村，胶东育儿所乳儿，出生两个月被送到胶东育儿所。

司晓光在新中国成立后曾短暂随父亲在徐州生活，14 岁时被父亲送回老家山东省聊城市东阿县。从此司晓光在农村老家娶妻生子，安居生活。

关 系 人：

杨兴田（音）妻子：司晓光乳娘。具体信息不详。

司绍基（1913—1999），司晓星父亲，山东省东阿县大桥镇毕庄村人。1937 年参加革命，1939 年加入中国共产党。曾任山东人民抗日救国军第三军第一大队大队长，六十一团团长。

王菊卿（1919.8—1998），司晓星母亲，山东省蓬莱市人，1939 年参加革命，抗日战争时期曾任胶东军区医院医生。

司晓星（约 1942.5—2022.5），司晓光姐姐，胶东育儿所乳儿。

受 访 者： 司晓光
采访时间： 2020 年 10 月 30 日下午
采访地点： 山东省聊城市东阿县
采 访 者： 笔者

育儿所的阿姨，我记得最清楚的是张大姨

我叫司晓光，是1945年生人，具体几月份俺父亲记不清了，只说那年是日本鬼子投降。俺父亲还跟我说，俺乳娘是杨兴田（音）家的。俺父亲解放以后在徐州工作，他还曾经回胶东去找过杨兴田。俺父亲去打听，听说他两口子已经去世了，后来也就没打听到详细信息。

我是在胶东育儿所大姨和乳娘的养育下成长起来的。1954年，俺父亲把我和俺姐姐（司晓星）一块儿领到了徐州，我父亲的工作单位在徐州。我在那里住了几年，上了几年学。1959年到1960年，俺父亲带着我回老家聊城地区东阿县大桥镇毕庄村，在这儿落户，跟着俺奶奶生活，务农至今。

以前的事我记得最清楚的是育儿所的环境，当时育儿所有个前门，进去以后有北屋、东屋、西屋。当时的东屋那一片是幼稚园。

俺的宿舍就在北屋跟西屋那个地方。我那时候很小，睡觉的时候都睡带栏杆的床，后来年龄大一点儿了，就变成单人平板床了。当年我在那里住的时候，也换了很多负责俺的大姨，我记得最清楚的一个是张大姨。

我很小的时候，曾经跟同学们一起坐在马车上，张大姨领着俺（们），到海边玩过一次。院子里男宿舍北屋北面有个很大的操场，这个操场我现在印象很深，操场北面的东半部有两个秋千，秋千的西面是马棚。

胶东育儿所所长刘志刚给晓光母亲的信

电影《战争中的母亲——胶东乳娘》资料图

我那时不懂什么叫母亲，但是大姨跟我说那是你妈

我记得育儿所大门的西面是一片种菜的菜园，菜园中间那片有口井，因为俺母亲到那个地方去过。我在那口井边上跟俺母亲、俺姐姐照过相。我当时不愿意站在那儿照相，因为我闹，俺母亲掐了一朵花给我，意思是叫我照相别乱跑，我至今还保留着这张照片。

那天晚上，俺母亲搂着我在育儿所住了一夜。

我妈妈搂着我睡觉也没跟我说什么事儿，她跟大姨、所长聊的时间挺长。我小的时候姓王，姓了俺妈的姓，叫王晓光，后来俺父亲接我回徐州才改回来叫司晓光。我那个时候也不懂什么叫母亲，但是大姨跟我说那是你妈，说你跟着你妈睡一晚上觉。所以当时我还觉得她对我挺亲热，还搂着我睡觉。当时我印象里没有爸爸妈妈，光觉得她对我挺好。

当时见到我妈，就记得她有点儿胖。我妈跟我说话，我也不太理会，光顾着玩了。我和俺姐姐在一所学校里，我还不知道俺俩是姐弟俩呢，光知道是小朋友。

那次跟我妈见面后我就没再见过她，他们说是因为战争我爸爸妈妈分散了，详细事儿我都不知道。一直到了 20 世纪 60 年代，我才又跟我妈见了面，是通过部队找到的。我再见到俺妈的时候，她是泰安一家医院的院长，我就去见了她一趟。

父亲那年去接我的时候，我正在睡午觉

每年冬天，一般都是大姨单独照顾我，因为我好冻手冻脚。别的小朋友都在西屋的南头上学，凡是冻手冻脚不能去上学的小朋友，老师就到北屋宿舍里，给我们辅导课程。

当时我住南边的床，热天有蚊帐，我现在想起来，为什么总是记得半夜有人去给我盖被子？可能就是值班的大姨每天晚上看我蹬被子了没有，还叫我起来小便，这些事儿我印象都很深。

俺父亲那年去接我的时候，我正在睡午觉。实际上我没有睡，大姨一过去我就偷偷躺在那儿装睡。大姨把我叫醒，说你爸爸来接你啦！我那时候也没有很大的印象，不知道爸爸是怎么回事。当时俺父亲在跟所长她们谈话，我看着他就像个干部的样儿。当时我也不认识他，光在外面看。

后来我起床就赶快拾掇东西，我记得带着衣服、被褥，被子上面都有编号。

俺父亲接上我，还得去接我姐姐。俺姐姐年龄大一点儿，我们那时候

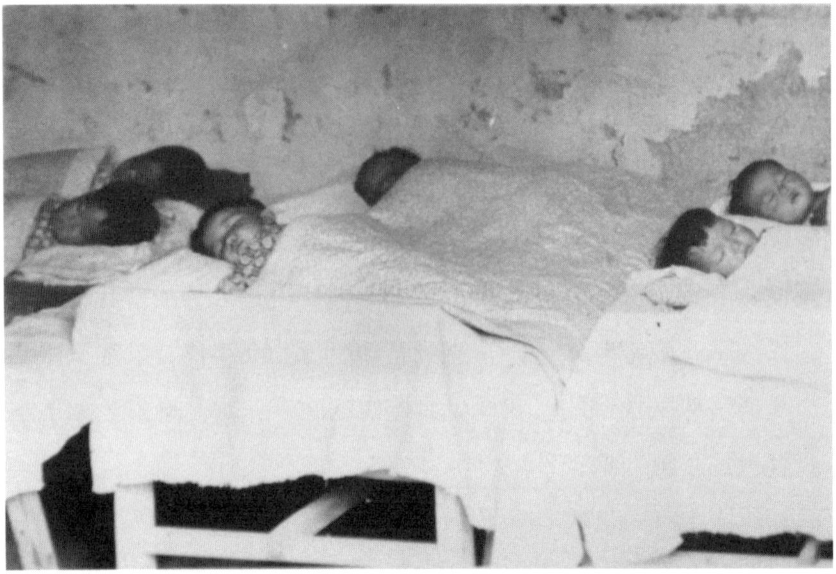

胶东育儿所的孩子们午休生活照　　电影《战争中的母亲——胶东乳娘》资料图

已经不在一个学校了。他们跟我说，育儿所北门后边的那条公路往西去，有一个学校，俺姐姐可能上那个学校读书去了。后来俺父亲接上我，我还要再玩一会儿，俺父亲就叫司机拉我走，开着吉普车转两三圈才稳住我。

当天俺父亲和司机拉着我到了莱阳城，在莱阳城的一家小饭馆的二楼上吃饭。我不敢提这件事儿，我都这么大年纪了，一提起这件事儿就掉泪。

到莱阳城吃饭，我就一个劲儿地哭。俺父亲说："你想小朋友啊，咱以后再回去。"

我就是离不开育儿所，当时拉我上哪里去我也不知道，光说是回家。我年龄小，在家的事儿上我没印象，我不知道什么是家，我就光知道那个育儿所。

父亲说不能吃老本，要立新功，我 14 岁回到了农村老家

当时俺父亲在徐州工作，我在徐州上了几年学。1959 年，我十四五岁了，我就回到了我父亲的老家毕庄村，就是现在我住的这个村庄。俺老家有两个奶奶，我回来伺候她们。当时我问我父亲为什么得回家？他说干部家属要带头回农村，于是我从徐州回来以后，就一直跟俺奶奶在一块儿过日子。

俺一直也不觉得回来不回来是个问题，叫俺上哪儿去就上哪儿去。俺小的时候很遵守制度，因为在育儿所里养成习惯了，大姨叫干啥就干啥去。当时我也跟我父亲提过上农村怎么生活，俺父亲说："下去锻炼锻炼去！"他给我举了个例子，说："毛主席他儿子，那时候给他几十斤小米叫他下乡，他儿子还问他上哪里去？毛主席说：'我那时候闹革命谁知道上哪里去啊？出了门全国地方大着呢，全在个人闯了。'"

俺父亲一说这话，我就不敢再问了。

我从小也不爱说话，到了徐州才开始能说点儿话。我从来不跟在徐州一个院里的人说话，吃完饭上学去，回到家自己洗衣服。俺父亲那个家里人口多，俺父亲要求俺，要求保姆不能给小孩洗带色的衣服。我从很小上学，鞋是自己刷，凡是带色的衣裳，保姆闲着也不给你洗，都得个人洗个人的。所以俺父亲说："你这就算成人了！以后什么艰苦的事儿你都能闯过去了！"

我刚回到徐州俺父亲家那年，上学的时候挖过北大河（音），我还跟一个年轻人抬过泥巴。早晨起来，那个杠子放到肩膀头子上就跟针扎一样，我从来没叫过苦！饿得多难我也没叫过苦。

俺父亲嘱咐我说，不能提老（辈）的事儿，不能吃老本，要立新功。后来母亲晚上还教我写字，他们对我都挺好。

乳娘养了俺，乳娘有功劳，俺不能给乳娘丢脸

俺有时候觉得挺亏欠，俺对国家又没作贡献，俺就是平常教育子女好好爱党爱国。群众现在生活都好了，关键思想是个大事儿。思想政治上我们得好好学习。因为乳娘养了俺，乳娘有功劳，俺不能给乳娘丢脸。

我为什么不愿出面（接受采访）呢？我这一辈子老土话叫混得不好，没法报答胶东俺那些大姨和乳娘。都这么大年纪了，这一辈子也没能给国家作点儿贡献，所以就不愿意露面了。

笔者：我明白了，其实你把那一份感恩的情埋在心底了。

嗯，是这么个意思。其实我心里老是想着胶东那些事儿。我说等我死了，我的骨灰就撒到黄河里，骨灰就顺着河水淌到渤海湾里就行。俺是那里生人，俺还回胶东算了，我一直拿胶东当老家。

俺家就在这个黄河边上，不超过两里地，河水一直淌到渤海湾里去，自然就带到胶东去了。

母亲于芳与邢莉莉、邢秀军姐弟合影（约 1948 年）

邢莉莉：

母亲为我起名叫利利，她希望中国从胜利走向胜利

邢莉莉（约 1941.4—　），女，乳名利利，胶东育儿所乳儿。退休前在高校从事教学科研工作，现居山东省济南市。

关 系 人：

邢明（1901—1972），邢莉莉父亲，山东潍坊人，1931 年加入中国共产党，时任山东人民抗日救国军第三军军法处处长、胶东三军卫生部部长，兼任胶东地区八路军后方医院第一任院长。

于芳（？—1953），邢莉莉母亲，山东省烟台市牟平县人，1935 年加入中国共产党，曾短暂任职胶东育儿所副指导员（约 1944 年前后）。

邢秀军（1943.3—　），邢莉莉弟弟，胶东育儿所乳儿。

受 访 者： 邢莉莉

采访时间： 2019 年 11 月 17 日上午

采访地点： 山东省济南市

采 访 者： 笔者

出生在反“扫荡”时的鬼子监狱

我叫邢莉莉，1941年春季，我母亲生下了我，她记不清我是哪个日子出生的。战争年代兵荒马乱的，我的出生连累了我的母亲。因为我母亲生我正赶上日本鬼子“扫荡”，我母亲跑不掉，就被“扫”到日本人的监狱里去了，后来被组织营救出来。我听我叔叔婶婶说，营救出来以后我就被送到了育儿所，我母亲就回归部队了。但是我很长时间就是不长个儿，一岁多了还像只小猫一样大，不像个一岁的孩子。

我出生以后，我母亲给我起名字叫“利利”，她希望中国的抗日战争从胜利走向胜利。这是我母亲的期望，也是我名字的来源。到后来我上中学的时候，我就把名字上加了两个草字头变成“莉莉”，这样就像个女孩儿的名字了。所以我后来上档案，就用带草字头的“莉莉”了。

我有个弟弟叫邢秀军，意为优秀的军队；还有个弟弟叫邢秀政，意为优秀的政治；第三个弟弟叫邢秀民，意为优秀的人民。都是这样起的名。

我的生日因为记不清，所以我一直没过过生日。后来到我成家立业以后，儿女要给我过生日的时候，我也觉得不必了。战争年代就是这样过来的，那个时候兵荒马乱很难记住。到底是4月份，还是5月份，还是3月份不确定，他们就只记住我是春天生下来的，具体哪天都不知道了。

我好像一直就是在育儿所里长大的，跟着育儿所到处跑。我不知道我有没有乳娘，但是我知道好像乳娘不一定非得奶孩子。有的是直接哺乳孩子，也有的是些十六七岁的小姑娘，她们给八路军带孩子，把孩子带到两三岁，这个也应该算乳娘。因为会不断地有孩子送过来，我记得我们育儿所的大姨们好像在那里谈论这些事儿，我是有这种记忆。应该说，金戈铁马当中我们这些孩子能生存下来，当地的老百姓和保护我们的老师、大姨们起到了关键的作用，我很感谢她们。

母亲在妇女动员大会上生下了弟弟，弟弟也在育儿所长大

我的弟弟也和我一样，在胶东育儿所里长大。三八妇女节那天，我母亲正在动员妇女参加妇救会，做军鞋，鼓励家里的丈夫参军、打鬼子。讲着话当中，她说“哎呀，肚子疼，不行了！赶快赶快”，就在讲了一半的时候，她生下了我的弟弟，然后把我弟弟也放到了胶东育儿所。我和弟弟都在胶东育儿所成长，我的妈妈就继续她的革命事业，打完日本鬼子再打

邢莉莉（2019 年 11 月）

蒋介石。我是在育儿所里长大的，爸爸妈妈有自己的革命事业。

在育儿所的时候，我记得有一次好像是我母亲送来一大摞小人书。大姨告诉我说是我的妈妈买了送来的。大姨让我帮着发给小朋友们看，看完了以后，大姨说都得收起来，一页都不准弄坏，我们都把手洗干净了看。过了第二天，我很想跟大姨说，我想再看看，但是不敢说。凭什么我要自己看？还有其他小朋友呢！即使是我妈妈送来的，我也不能有特权，但我知道那是我妈妈送来的，我心里就非常高兴。

小的时候我不知道我父亲是干什么的，我就知道他是个老党员、革命者，别的都不知道。光知道他们是打鬼子的、打蒋介石的，然后南下的时候我母亲去世了。

后来很长时间，我的父亲在华东军政委员会任职，好像是高级军人吧。但他是领导也好，是群众也罢，在我心里与我们这些孩子没有关系。我们这一大帮孩子里边，有的孩子父亲职位很高，有的就是父亲牺牲了的烈士的孩子。我好像也不觉得这有什么区别，我只知道我该做什么。

在早期，我的爸爸应该说是一个自觉的革命者，在抗日战争爆发之前，他已经做过了很多工作。而且他是一直在自觉地寻求怎么使中国百姓生活好起来，所以我觉得他是个自觉的革命者。我父亲很早就入党了，好像他是潍坊人，参加过几次暴动。失败以后有几次逃亡，然后又回来。后来发生雷神庙战斗，我父亲是其中的领导者。他当时的分工是军事法律，这些资料大概咱们党史馆都有，我不如他们知道得多。

他们说你不知道你爸爸的事，你应该到山东党史馆去查查，都有。我没有去查，因为那是他的人生，我不需要去查。父亲再辉煌，我也只能尽力去做好自己。

母亲打过游击，是县里第一个女党员

我的母亲叫于芳，1935 年入党。她应该是她们县里第一个女党员。我母亲原来是一个乡村女教师，后来由于东北三省丢失，她参与了各种抗日活动，并走上了革命道路。以后还参加了昆嵛山游击队，打过游击，成为八路军战士。

我母亲出生在一个殷实的家庭，家境很好，一门三进士，这是我姥姥家。我母亲是牟平人，也是属于乡村的知识分子。她应该是她们县里最早出来革命的那拨人中的一个，我母亲家里人都出来革命了，她这个家庭出了好几个八路军，我母亲的妹妹也是她带出来的。

1938 年，我母亲回老家，动员她妹妹也出来参加了八路军，她们姊妹两个都是八路军的老战士。老家县里一直在要我母亲的材料，我说很多详情我也不知道。

我的父亲是一个很早就入党的老党员，他年轻的时候就参加过几次暴动。我父亲和母亲是在部队里边相识的，他们结为夫妇后，1941 年生下了我。

我母亲大概是 1943 年还是 1944 年在胶东育儿所工作过一段时间。当时她怀着我弟弟邢秀军，不能去前线，就在育儿所发动当地妇女群众参加妇救会，做军鞋，做军衣，发动妇女参加抗日。她也在胶东育儿所医院工作，因为除了前方战士拼命流血，后方还得有医院抢救伤员。孩子出生，也需要有地方寄托。我母亲大概在育儿所待了一两年，她在生完邢秀军后就离开育儿所了。

一直到解放后，我的父亲和母亲就南下了。南下以后，我母亲身体不太好。我知道 1952 年还有一些保育院里的孩子，他们的父亲有的是华东野战军的，继续前往福建剿匪，还有牺牲的呢！有时候我们就听说他爸爸牺牲了，或者他妈妈牺牲了。虽然我们小孩子也不会详细问什么，但我们就是隐隐约约知道，你没了父亲，他没了母亲。

我们小时候对父母的情况一概不知道。到后来我从胶东育儿所进入了华东军政委员会的干部子女保育学校，在那里继续学习。然后到了初中开始进入社会的学校，也是一直在住校。因为父母没有时间管我们，我们统统住校。我就是这样成长起来的。

懵懵懂懂的儿时记忆里，育儿所才是家

我一直管育儿所叫保育院，我们保育院那个院子给我的印象是很深刻的。它所有的院子是下沉的，房子是上来的，是用一块块大石头铺起来的。那个时候我们大孩子就帮助打饭，到厨房打饭的时候，我记得我们都嫌远，于是穿过中间一个废弃的房子，我们爬窗户，从窗户跳过去就可以不绕道，所以我有这个印象。

再后来我们育儿所是在一个很大的地主庄园，我原来也不知道那是在乳山，到我要离开的时候，才知道那是乳山县。那时候因为我已经识了很多字，我看到过乳山的牌子，就记下了那是乳山县。那个时候的育儿所，我认为就是我的家。

胶东育儿所的孩子们在摆放餐具
电影《战争中的母亲——胶东乳娘》资料图

我们从小在外面长大，没有家的概念，不会想爸爸妈妈，也没有人跟我们谈起家庭。可能因为战争吧，没有那么多家长里短。我们不知道家庭是什么，也从来不会交流爸爸妈妈是谁。那个时候父亲和母亲在我心里是没有位置的。

我们疏散到老百姓家里的时候，仅仅是客居，很快还要回来，所以就觉得育儿所才是自己的家。跟我们在一起的老师和大姨们、育儿所的小朋友们，他们是我们的全部。到点儿了就要吃饭，然后就是大家排队，报数，再唱个歌，大孩子帮着分饭，最后用餐。

在战争时期，孩子们都很自立。吃完饭该干什么，大姨一声令下，然后就分散开玩。那个院子也挺大，有时候还出去玩。因为当时我比较大了，经常协助大姨管理小朋友，帮忙分饭，也帮助烧过火。

吃饭前我们都唱歌，但是具体我不太记得了。那时候还是抗日战争时期，好像就是打倒日本倭寇！打倒日本鬼子！赶回老家去！就是这样。我还有一个印象，就是鞋子永远不够穿。一年两双鞋，如果你穿破了，可能就要打赤脚。

1945 年以后就是打倒蒋介石了，要喊口号：打倒蒋介石，打土豪、分田地，那个时候有这些口号。我们小朋友也经常自己模仿，我们好像和伤员还有一些搞宣传的大人经常在一起，反正是经常能碰面。因为我们毕竟还是在部队的后方，那个时候他们经常向群众做宣传，演话剧，我们也会跟着去。

我记得很清楚，我们也跟着去学演话剧，有时候也让我们去当小演员。其实那时候的生活，我觉得也挺好、挺充实。大家都说很苦，我现在想不起来有多么苦。也可能我这个人就是这种大大咧咧的，现在回忆起来，那个集体给了我许许多多的温暖和爱。

我记得当时我们是睡炕的。这边一个炕，那边一个炕。到了要熄灯的时候是统一熄灯。我从小觉少，不爱睡午觉，晚上也不爱睡觉。早早地就熄灯了，但是我睡不着。然后我们就在炕上偷偷地讲故事，巡查的大姨只要听见有动静就过来了，我们就赶快不吱声了。

一个炕上睡七八个孩子，分里间和外间，我们这一组在这边，然后当中是过道，那边又是另一组，房子很大。因为我是比较大的孩子，自理能力比较强，我记得大姨经常问我：“你们那里少不少人？”

“不少，一个也不少。”我就帮着大姨数孩子。

虽然说我们和其他孩子不同，我们都没有家庭，不知道家庭是怎么回事，但是我们在战争中能生存下来，当地的老百姓和我们的老师、大姨们起到了关键的作用，我很感谢他们。

如果没有育儿所，很可能我就不存在了。我的父母没有时间照顾我，他们需要去打鬼子。那个时候的孩子不像现在的孩子这样金贵，战争年代的孩子会拖累父母。父母又无暇照顾，尤其是他们作为战士，不可能顾及孩子。如果有现在的科技手段，我估计他们那时候会选择不要孩子。所以我觉得育儿所就是这些孩子的家，也是我的家。

行军时，生病的孩子可以坐到驮篓里

在我的记忆里，我行过军，行军的时候觉得很累。我为什么有这个记忆？因为生病的孩子可以坐到驮篓里，我就想我什么时候生病，就可以不走路，坐到驮篓里。

后来我一直在想，我小的时候做梦想坐驮篓，大概就是那时候留下的印象。

印象里我在老百姓家里待过。有一次被疏散到老百姓家，我记得我去的那家有一棵很大的柿子树，当时有人告诉我们，柿子红了的时候就来接你们。我就老想这个柿子会不会红，所以到现在我不大吃柿子，就是这个原因，我老想它应该红红地挂在树上。

还有一次，可能也是被疏散到老百姓家里了，好像当时有暴发性痢疾，生活非常艰苦，卫生条件也不好，我脸部感染了，流了好多脓，长了

乳山风貌　　电影《战争中的母亲——胶东乳娘》资料图

很多疮，当时眼看就要死掉了。有个大姨说这个孩子还有呼吸，这是八路军的孩子，她们就用新药把我救过来了，我就这样又活下来了。

那个时候的孩子不像现在的孩子这样金贵，现在的孩子是上天送给父母的天使，但是战争年代没有办法，父母要抗战，根本不可能顾及孩子。好在育儿所成为这些孩子的家。那时还有战争，我记得育儿所是散了聚、聚了散，经常是这样的。一“扫荡”就散，“扫荡”完再回去，我有这个印象。

当时胶东是输送干部的一个通道，另外还输送黄金到延安，供财政收入。胶东革命根据地很大。

我的一个同学，我带她到家里来，那时候我爸爸看到她，说：“你都这么大了，你妈妈是我把她送到延安去的。”

我同学她妈妈从日本留学回来，也要抗日，当时我父亲说，这么艰苦，把她留在咱们这里好像也没用处，她日语不错，送到延安可能有点儿用处。于是通过渠道，把她送到延安去了。

换了一条裤子，我们就跟着父母继续南下了

离开育儿所的时候我很不舍，我记得当时没有毛衣穿，都是穿空心棉袄。结果我要离开育儿所了，大姨说，总得要打扮一番，然后给我套身上一件毛衣，给我弟弟也套上一件，打扮起来。因为我裤子上都是补丁，还给我换了一条比较新的裤子，我们就跟着父母继续南下了。

我走的时候，大姨告诉我说，这件毛衣你先穿着去，到那里肯定有接你的人，等到那辆车回来的时候，这件衣服你再让他们带回来。我一想，对，是得带回来，因为肯定还有别的小朋友也需要穿毛衣。

当时我觉得很不舍，就好像有一种离家的感觉，那么多小朋友再也见不到了，父母要把我们接去干什么？不知道。

见到父母的时候，我觉得很陌生。

父母把我们接过来后就不管我们了，我们都是被放养的。所以说不如在育儿所，什么事都有人管，我就觉得育儿所才是家。父母那个家，我们的母亲没有了，我很怕我的父亲。父亲很严肃，他周围的人也比较严肃，我就一直很怕他。我到现在都没解开这个心结，主要是离开他们太久，家庭观念很淡薄，有陌生感。

那个时候的孩子们生存能力很强，到了新家也都顽强地适应新的生活。

记得去上海后，我和上海当地的孩子还打了一架。他们用上海话骂我们，这帮孩子和战场上下来的孩子可不一样，他们嘴巴很厉害。但是在动手能力和纪律性、打仗等方面可不如我们，后来那十来个孩子被我们全部揍了一顿，然后他们就不再骂我们了。我们也就散伙了，大家和平共处。

胶东育儿所旧址

电影《战争中的母亲——胶东乳娘》资料图

我进入社会学校的时候，好像缺少了一种支撑，我一直想不透，我缺少什么支撑？我一直到大学都没有忘掉这个感觉！这种支撑是什么？

小的时候，在育儿所里有一股力量支撑着，那个时候的生活，目标都很明确，所以我们执行也很坚决。那时候是军事化管理，我们有一种强烈的集体观念，忠诚于组织，忠诚于祖国，这种观念是从小培养起来的，这大概是一辈子也无法去掉的。

即使在战争中，我们在硝烟底下仍然可以玩。那时候我们最大的玩具是什么，是子弹壳！子弹壳可以做钢笔，可以做吹的哨子，可以蘸水在那儿随意写字。如果有一个子弹壳的钢笔，就会觉得是很了不起的事儿。我们那时候用石块在石板上写字。我最初认字都是用树枝在地上写着认。

我记不得小时候的孬事儿了，好像经历过战争的孩子，记住的很少有哀伤，大部分都是快乐，这是一种选择性记忆。不喜欢哀伤的东西，喜欢的都是快乐的东西，所以记忆中快乐的时光多。

在上海的时候，我们有几个小朋友，还有几个保育员。他们有的是从延安过来的，我们是从山东过来的，大家聚集在上海，都不谈战争中的困难。我也不知道这是为什么，可能是选择性记忆，记住美好的东西，忘掉苦难，孩子们可能都会这样。

我经常做一个梦，好像是敌人在后面追追追

我非常怀念育儿所时光。我经常做一个梦，好像是敌人在后面追追追。我跑的方向是我们育儿所的那个院落，好像老是要往那个方向跑。我老是想到育儿所我们住的那个大大的院落。在那个院落里，我还在外面烧过炕。我记得那个场景，因为我记忆中大姨也会说："你照顾照顾后面那个火，我得去前面开个会。"

大姨经常叫我照顾照顾火，因为我是比较大的孩子，而且是个女孩，可能大姨就愿意让我协助做这些事儿。

后来直到我结婚生下我儿子以后就不再做这个梦了。在这之前一直做这个梦，老是被别人追着跑。好像还是战争时期，一直要跑，非常紧张，后面就是敌人！我要跑的那个方向，好像是育儿所，是我们住的院落的那个大门。我觉得这是一种怀念，因为育儿所才是我的家。

我在大学也经常做这个梦，我一要考试紧张了，马上就会做这个梦。好像有些经历会一辈子在你心里沉淀下来，但是我不太敢回去看，因为我不知道我应该怎样回馈他们，我也害怕他们不同于我心里的那个记忆了。或者房屋倒了，或者都成了民居，我也害怕这个，这始终是我不敢去面对的。

有的时候我出差去烟台，一拐弯就是育儿所，我每次都纠结得很，我很怕它不是我心目中原来的那个育儿所，所以我就没有再去过。

我只是对养育我们的环境和那种组织结构有一种感恩，她并不具体在某一个人身上，她是一种感恩的氛围。那个组织、那个结构，我会忠实于她。如果现在育儿所需要，我可以捐款。

我好像心里始终要有一种依靠、一种支撑，我觉得在我小的时候，育儿所就是我那个支撑。我觉得育儿所有一股精神力量支撑着我，就是要忠

诚于你所在的组织。所以无论走到哪里，都会非常忠诚地对待组织交给我做的事情，无论我自己喜欢还是不喜欢。我这个价值观就是那时候养成的。

在我心里，胶东育儿所这一段生活就是一座纪念碑，这座纪念碑教育我要对组织忠诚，她永远是我心中的保育院。

那时候，我们这帮孩子是原生态的。战争中的孩子活下来很难，如果没有当地人民的掩护和养育，我们活不下来。

梁恒力母亲王梅欣（约1943年）

父母亲到胶东育儿所看望恒心、恒力（1946年）

梁恒力：

1937年，母亲才17岁就参加了三军二路

梁恒力（1943.12— ），女，出生于乳山市，胶东育儿所乳儿。是父母新中国成立前所生四个女儿中的老二，四姐妹都是胶东育儿所乳儿。梁恒力有两位乳娘，分别是李青芝、王殿英。退休前是工程师，现居上海市。

关 系 人：

李青芝，梁恒力乳娘。

王殿英，梁恒力乳娘。

梁辑卿（1912.11—1977.2），梁恒力父亲，山东省莱阳县（今莱阳市）人，1933年加入中国共产党，生前任安徽省委书记，安徽省军区第二政委。1961年晋升少将军衔。

王梅欣（1920.2—2012.6），梁恒力母亲，山东省蓬莱市人，1938年加入中国共产党，生前任安徽省国防科工办副主任。

王玉欣（1935.10—2023.4），梁恒力小姨，胶东育儿所保育员。退休前是上海卢湾区产院职员。

梁恒心（1942.8— ），梁恒力大姐，工程师。

梁恒华（1945.8—1996.9），梁恒力大妹，生前是主治医师。

梁恒青（1947.4— ），梁恒力小妹，退休前是安徽省委党校干部。

受 访 者：梁恒力

采访时间：2020年8月12日上午

采访地点：上海市

采 访 者：笔者

1938 年春节前，母亲再次离家出走参加了革命

我出生在 1943 年年底，生在乳山高家台。我姐姐是 1942 年出生的，她也出生在高家台。我出生那一年母亲大出血，所以我生下来的时候，直接被送到李青芝妈妈家里去了。我没有吃过自己母亲的一口奶。

梁恒力（左）与笔者（2020 年 8 月 12 日摄）

1938 年，18 岁的王梅欣（梁南征供图）

我的父亲叫梁辑卿，1912 年出生，1932 年参加反帝大同盟，1933 年加入中国共产党。我的母亲叫王梅欣，1920 年出生，1937 年我母亲 17 岁的时候，受她舅舅于眉的影响，参加了三军二路。外公因为担心母亲的安危，就把我母亲抓回去。我母亲不甘心，在 1938 年春节前夕，她再次离家出走，从此以后走上了革命的道路。

那个时候有句话：好男不当兵，好铁不打钉。更何况是一个只有 17 岁的女孩子。

那个时候我的小姨只有两岁，当时我母亲被外公抓回去以后，外公外婆就把小姨交给我母亲带。想让这个孩子把我母亲缠住，不允许她再出来。我母亲就带着我小姨在家庭的看管下生活。直到 1938 年要过春节了，大人的看管也松了，大家都忙着做过年的准备。这个时候我母亲就把小姨偷偷地放下，然后她自己又出去参加革命了。1938 年 2 月，我母亲正式加入了八路军。

我是在雷神庙博物馆里面看到关于三军二路的解释：山东人民抗日救国军第三军第二路，简称“三军二路”。三军二路当时的领导是于眉，我母亲最早就是受于眉的影响才参加革命的。当时于眉在北京大学读书，受到共产主义思想的影响，参加了共产党，就组织开展北大的抗日救亡运动，后来又回到胶东发展党员。

于眉是我的舅姥爷，他们家兄弟大概五个，还有两个女孩子，也是个大家庭。

家中四姐妹都是胶东乳娘哺育大的

当时李青芝妈妈自己有六个孩子，夭折了一个，还剩下五个。刚开始是李青芝妈妈抚养我的，后来因为奶水不是很足，给我找了另一个乳娘叫

恒心与恒力儿时照片（梁南征供图）

王殿英。王殿英是后来到的高家台，带着我在高家台村住着。所以从我出生以后，跟姐姐恒心就一直住在高家台。直到鬼子投降以后我们才去的育儿所。

我们家最开始是四姐妹，我姐姐是1942年出生的，我是1943年出生的，我大妹妹是1945年日本鬼子投降以后出生的，二妹妹是1947年蒋介石重点进攻山东的时候出生的，所以我们这四姐妹都是在战争年代出生的，也都是吃胶东乳娘的乳汁长大的，长大了又从胶东育儿所走出来。

我姐恒心1942年生下来以后，就直接交给李青芝妈妈了。那个时候高家台村是八路军的根据地，但是鬼子也会来“扫荡”。高家台有个八路军的兵工厂，所以这个地方相应来说比较安全一点儿。

我的乳娘王殿英妈妈来了以后，就专门带着我，村子里要是有个什么风吹草动，有点儿什么动静，她就会抱着我上山躲起来，一直要到晚上天黑了才开始悄悄地回来。那个时候八路军的东海医院也在高家台，我后来还到旧址去看了，房子现在基本上没有人住，都荒了。院子里草长得很高。我就想看看我小时候出生的地方和周围的环境，所以我专门在那儿住了5天时间。

到1945年抗日战争胜利以后，我大妹妹恒华出生了。恒华从小身体不好，所以我母亲就先把她接到济南看病，给她治疗，其他姐妹那时候都还在胶东育儿所。恒华因为身体一直不好，在20世纪90年代就去世了。

1947年的时候，国民党重点进攻山东，那个时候恒青出生了。当时为了护送一批伤员，还有一些国民党起义过来的家属，组织上就安排我母亲带着这些人，还有机关的工作人员、文职人员撤退到大连。所以恒青刚刚生下来的时候，就跟着我们一起撤到大连了。在大连待了大概一个多月，母亲就急于返回来。我大弟弟梁南征是1948年出生的，他生在济南解放的时候。南征出生以后，没有上育儿所，因为那个时候形势相对稳定一点儿，可以在家里带孩子了。但是当时母亲没有奶，我记得家里养了一只羊，他从小就是喝羊奶长大的。

到1950年，那时候父母亲已经在南京了。我小妹妹是在抗美援朝，保家卫国的时候出生的，所以我小妹妹叫卫国。我最小的弟弟是1952年在南京出生的。

1945年的时候，我外公在鬼子投降前一个礼拜，从地里干活儿回来以后，一头栽在地上，就再也没醒过来。外公去世以后，外婆也生病了，就带着小姨来投靠我妈妈。所以从1945年以后，小姨跟外婆住在文登，当时育儿所好像也在文登待过。因为那时的育儿所不是固定的，经常是今天在这儿、明天在那儿，随时随地会搬迁变化的。那个时候，外婆带着小姨也住在文登，跟我们在一起，一直到济南解放。

我在济南保育小学待过，唯一的印象是飞机经常来轰炸

济南解放后，大概是1949年年初，我们三个孩子，妹妹恒青、姐姐恒心、我，还有育儿所的保育员带着我们到了济南。父亲那时候在济南军

梁家老照片

区当政治部主任、副政委。

到济南的时候，我们也不是跟父母同吃同住的，基本上也是住在托儿所。在我印象当中，我在济南保育小学待过。我有个印象是，国民党的飞机经常来轰炸，所以经常会拉警报。一拉警报的时候，我们都朝防空洞里跑。总之，当时的生活始终不是很安定，也不祥和，随时随地要逃要躲，始终生活在这么一个环境下。

后来父亲调到华东军区，我们就又跟着父亲到了南京。即使到了父母身边，我们也是住在学校里的，只有礼拜天回家。所以我们一直不是在父母身边长大的，没有跟父母朝夕相处。在我印象当中，跟父母真正朝夕相处的时间，是父亲从南京调到上海，我们也跟着到了上海。到上海以后我们才住在家里，跟父母有了朝夕相处的时间。那个时候我已经上小学四年级了，说老实话，对父母是属于陌生人一样的感觉，这个阴影伴随我终生。

因为寻亲，我理解了父母的爱

我跟父母在心理上始终是有距离的。在我的印象当中，父亲陪我们子女的次数很少，不超过五次。在上海的时候，父亲带我出去过两次；在无锡的时候有一次。

父母很少陪我们，他们大部分时间都在工作。家里平时也很少看到他们。我有什么事情不会跟父母说，我可能会跟同学、同事、朋友谈。父母也走不进我的心里。

父母对我们的意义更多的是教育。我有很多习惯、生活方式，受父亲的影响蛮多的。父亲跟我说，孩子饭桌上应该有哪些规矩，筷子应该怎么用，饭碗里面不能剩一粒米，掉到桌子上的饭也要拾起来吃。这些习惯我到现在还一直保留着。父母对我们的教育，比如我们的学习问题、工作问题、个人的终身大事问题，也是管得比较严的，要求也是比较高的。不管怎么说，我们是属于听话的孩子，基本上父母要求我们怎么做，我们就怎么做。但我对父母是不理解的，对父母的怨气也是比较多的。

我是什么时候真正能够理解父母的呢？直到后来我也做了母亲，我才能够理解他们，谅解他们。

从小我就有这么个印象，父母因为不喜欢我们，才把我们扔给老百姓的。我一直是这么认为的。后来在寻亲的过程中，我听到一件事情：我妈把我姐生下来以后，扔给老百姓，她自己就离开了。但是我妈非常非常想我姐，想得一晚上都没睡觉。结果第二天我爸就说，如果你实在想得厉害，就把她抱回来吧！我妈第二天一早又到高家台去抱我姐，亲亲我姐，舍不得，但最后还是放下了，走了。

这件事情我是第一次听说，刚开始一直认为父母不喜欢我们。这个时候我意识到，父母不是不喜欢我们，是没有办法。但是这类事情父母从来没跟我们说过，母亲对我们说得最多的话就是："你们要好好的，因为你们是老百姓养大的！你们没有吃过我一口奶，你们应该好好为老百姓着想，为老百姓服务。"

这句话父母亲讲了一辈子。所以我当时只有这个印象，我是老百姓养大的，我应该为老百姓好，为老百姓服务。

填履历表时，家庭出身和父母职业都写"革命军人"

实际上我对父母的职务一直不是很清楚，因为从小父母教育我们：你不该知道的不要知道，不该问的不要问。我听到别人叫我爸爸政委，只知道他是政委，至于什么政委我不知道。填履历表时，父母那栏就填"革命军人"，其他就都没有了。

在寻亲过程中，我开始关注父母，因为我想了解一下父母生活的年代。然后我查了中国人民解放军军事科学院的一个编册，确定了我父亲哪一年担任什么职务，他做过什么工作。

我母亲给我写信写得可能还多一点儿，我父亲这一生当中只给我写过一封信，好像是在我上学的时候写的。一般来说，父母亲的意见由母亲来跟我们讲得比较多一点儿。

实际上在我上小学的时候，我还不觉得这个家庭是个幸福的家庭。我认为自己出生在一个工人家庭、农民家庭、普通职员家庭，或者随便什么人的一般家庭，生活可能比我们现在还要幸福得多。所以我一直想离开父母，不愿意跟在他们身边。我现在年纪大了，回忆自己的一生，在很大程度上是父母影响了我的一生。

父母从小教育我们，父母的一切是父母的，你们所有的一切要靠自己的行动去做出来。所以我始终认为，我是一个很普通的人，没有任何值得骄傲、值得炫耀的东西。我们家兄弟姐妹都是比较低调的，不喜欢张扬，而且都是搞技术或业务的。

1957 年，我父亲又调到无锡二十七军当政委。我是高二的时候才到无锡的。因为姐姐到南京当兵去了，妹妹那时候是初中毕业，也跟我一起到了无锡。

那时候在无锡，父亲叫我跟妹妹两个人也去当兵！征兵开会的时候我去看，征的是义务兵。因为我看到血有点儿害怕，于是就跟我父亲说，我不去当兵，所以我就没去，我妹妹去了。我在无锡读了一年高二。高三的时候，父亲身体不好，胃大出血，回南京治病去了，我就在南京读的高三。

1964 年，我高中毕业考大学，结果考到扬州工学院。这个学校隶属于兵器部，我就又到扬州去上学。毕业的时候，我被分到西安兵工厂，又在西安工作，1968 年到 1971 年在西安。后来，母亲把我调回了合肥。她那时候叫我在机关里工作，我当时提出意见我不去，我性格有点儿像男孩子，我说我到下面厂里去吧，我就到了江淮仪表厂。

我结婚以后，1977 年父亲去世以后我调到上海。我最后退休是在上海市仪表电子系统公司，这个单位现在已经没有了。我的出身是工程师，本身学的是机械制造，这是我的个人经历。

一开始我并不知道李青芝妈妈也是我的乳娘

我姐姐的乳娘李青芝，也是我的第一个乳娘。李青芝妈妈，刚开始我并不知道她，后来通过寻亲这条路我才知道我还有个乳娘是李青芝妈妈。我 2015 年 8 月从北京参加央视寻亲节目《等着我》回来以后，9 月就跟我弟弟到了乳山。因为我已经找到李青芝妈妈家的哥哥了，我就觉得我应该去拜访一下，我想去看一看我出生的地方。

到乳山以后，我真的感觉这个地方很亲切，真的很亲切！我看到大哥、二哥，而且三姐也在，所以当时我就觉得，我总算来到了我梦寐以求的地方！因为我出生后的这段经历我自己是不知道的，我到底生在一个什么样的地方呢？是什么样的家庭养育过我？那里的房子是什么样的？房子里住过哪些人？我都非常想了解，想知道。

我跟父母之间不亲，但是找到的乳娘家哥哥也好，姐姐也好，包括他们的家人，我都有种亲切感！我觉得跟他们讲话，想讲什么就讲什么。因为我觉得他们跟我一样，都是很亲很亲的。有什么话我都跟三姐说，我也喜欢跟大哥说。尽管大哥耳朵失聪听不见，但是他有时候会说过去的一些事情。大哥跟我说，从小他带着我们出去玩，爬山，到山上去采野花什么的。不管怎么说，他当时带过我，对我来说也是应该感激他的。

大哥比我大 14 岁，但是我感觉他很亲切。我感觉三姐、大哥、二哥都是我的亲人。我对三姐和大哥的感情好像更深一点儿，因为他们毕竟从小带过我。我非常希望还能够经常回去听他们讲讲过去的事情，没想到大哥去世了。

现在我自己的心脏也不太好，也到一定年龄了，我心想说不定哪天我也一下就不在了，因为大哥就是在一个晚上睡觉时“走”掉的。所以我现在想我说不定哪天也会这样子，像大哥一样一觉“睡”过去了。

我觉得乳娘比我的母亲对我还要亲，我对乳娘的感情也胜过我对母亲的感情，母亲生了我，但乳娘养了我。母亲的奶我一口都没吃过，但是乳娘的奶我一直吃到五六岁。北方人的小孩，你只要能吃就一定会吃，吃到七八岁，所以这份恩情是不能忘的。人老了容易激动，以前我是不太容易流泪的人，但是现在一想到过去眼泪就止不住。

我的乳娘王殿英，这个名字在我心里记了一辈子

我的第二个乳娘叫王殿英。我大妹妹恒华的乳娘姓韩，我们喊她“韩姐”。恒青的乳娘已经记不得了，但是在胶东育儿所带她的乳娘，我是记得的，我们从小叫她“疤瘌眼阿姨”，因为她眼睛上有个疤。

我们四姐妹都是吃胶东乳娘的乳汁，然后由胶东乳娘把我们养育大的，我们也从育儿所里走出来，走向全国各地。

我真正想要找乳娘的时候，是 2012 年。2012 年，我母亲去世了，尽管很伤心，但是我好像也有一种解脱的感觉。我的乳娘王殿英这个名字我是永远不会忘记的。母亲问我：“你还记得王殿英吗？”我说：“当然记得，她是我的乳娘，我是吃她的奶长大的！”我母亲去世后，我就想王殿英比我母亲年纪小，我应该还能找到她，所以我是抱着这么一个心态去找的。

王殿英是蓬莱人，跟我妈是老乡。所以在我妈脑子当中，就记得王殿英。王殿英来到高家台村以后，她没有再回去。但是没想到先找到了李青芝，李青芝是我姐姐的乳娘，我生下来以后也吃她的奶，所以她也是我的乳娘。就是说有两个乳娘抚养过我。

王殿英后来的情况是这样的：1947 年蒋介石重点进攻山东的时候，大概是医院里缺人，她就到东海医院去了，从此就失去了联系。听说她后来又结婚了，但是我母亲那时候不会随便打听一个人，或者去问一个人。因为都是属于保密的，不让知道的不能打听，所以就跟王殿英失去了联系。

我觉得我自己的一生到现在才刚刚稳定下来

1945 年冬天的时候，外婆生病了。小姨当时大概 10 岁，可能还不到 10 岁，外婆就带着小姨来投奔我妈了。1947 年 2 月，外婆去世了。从此以后，小姨就跟着我妈，相当于我妈又多养了一个孩子。因为小姨没有其他亲人了，唯一可以依靠的只有这个姐姐。但是我妈妈又不能带着我小姨，怎么办呢？就把小姨跟我们一起都送到育儿所去了。

育儿所当时是大孩子带小孩子，我小姨属于大孩子，她最早到育儿所去的时候，大概 12 岁，也属于育儿所的小保育员。从此以后，她就跟着我们家，我父母在上海的时候她也在上海，她结婚以后就留在上海了。

我小姨从小身体不好，9 岁的时候就得了哮喘，哮喘发作时蛮厉害。从小在家里，我父母让我们做家务，从来不让她做事情。她在家里样样都让着她，因为她哮喘发作起来一晚上没法睡觉，所以一直是病恹恹的。

在育儿所的生活，我好像没有什么印象，但是育儿所的儿歌我听着很熟悉。因为那时候变动比较大，我觉得我自己的一生，到现在才刚刚稳定下来。过去，我觉得我总是跟着父母到处跑，尽管跟在父母身边，也不能跟父母朝夕相处，就是像游牧民族一样跑来跑去。

育儿所的儿歌我已经记不得了，但是听起来我脑子里是有反应的。你叫我现在唱我唱不出来了，但是我印象中有。因为这个旋律蛮熟悉的，自己曾经也唱过，有这么个感觉。

我曾经犹豫是否接受采访

2012 年，我母亲去世了，年底冬至的时候把我母亲跟父亲合葬好以后，我想去找我的乳娘。2015 年，央视《等着我》栏目打电话来叫我去参加节目。当时我的反应是，找乳娘是我的私事，不想弄到大庭广众之下人人皆知。

后来他们给我讲了一件事情，说有一个老太太 80 多岁了都愿意出来为纪念中国人民抗日战争暨世界反法西斯战争胜利 70 周年做点儿事。这件事触动了我，所以我就答应去了。

笔者与梁恒力（左）参加颁奖活动现场合影（2023 年 11 月）

我也是快“奔八”的人了，所以我迫切想了解一下自己的过去，想要找乳娘。找乳娘的目的是让自己的人生变得更完整。我来到这个世界，谁养了我，如果不知道的话，我不白活了吗？但我有时候又拿不准这些是不是我的个人隐私。

笔者：我特别理解您，骨肉亲情这是人性的本能，如果不是面临民族危亡，父母怎么会狠心把你们扔下呢？所以我想，您最终能够站出来把本来不愿意公之于众的这些隐私也好，您的这些特殊的成长经历也好，面对镜头说出来，其实我觉得也体现了您的一个价值认同——对特殊历史条件下中国人生存智慧、斗争智慧的理解，对母爱表现形式及其社会意义的认同，当然也包括战争对妇女儿童人格及情感的影响和摧残。

如果没有我这种经历的人是体会不到我这种心情的，这些话我基本上从来没有对外人说过。现在大家在寻找乳娘或者在传承乳娘精神的过程当中，就把这个带出来了，现在我把自己的感受体会也好，或者经历也好，这样敞开了给大家讲讲，也无所谓了。

笔者：其实非常好，这些事情如果你们不讲，也就被历史淹没了。因为你们的成长并不仅仅是你们个人的事情，你们代表了那段战争历史，代表了那段特殊岁月。

对，这个也是。

笔者：所以我也很理解，在您看来，父母做什么样的高官，并不是你们需要的；作为孩子的需求，应该非常简单易得，比如一个拥抱。

对，我更需要的是父母的关心，父母体贴我、关心我。

张东海：

1937 年抗战全面爆发，妈妈以小学教师身份投身革命

张东海（约 1942.2—　），男，又名苏东海，乳名东海，出生于胶东抗日根据地的东海医院（今威海市中心医院）。张东海也是胶东育儿所接收的第一名乳儿。哺育过东海的乳娘有多位。退休前从事生物学研究工作，现居浙江省杭州市。

关 系 人：

李秀珍，张东海的主要乳娘。具体信息不详。

张光烈，张东海父亲。

苏政（1917.2—2009.1），张东海母亲，原名蒋维芳、蒋重光。胶东育儿所早期创办者之一。

受 访 者： 张东海

采访时间： 2020 年 8 月 14 日下午

采访地点： 浙江省杭州市

采 访 者： 笔者

我有两个妈妈，一个是亲生妈妈，一个是我的珍妈

其实我有两个妈妈，第一个是我的亲生妈妈，她原来的名字叫蒋维芳。我妈妈出身于书香门第，她的爸爸是读书人。我妈妈年轻的时候是小学教师，1937年抗战全面爆发，她参加了八路军。在国共合作时期，她就打入国民党军队内部，然后认识了我爸爸。我爸爸当时是国民党的一个营长，他的名字叫张光烈。我妈妈参加革命之后，将自己的名字改为“苏政”。“苏”的意思是跟当时的苏联学习，我爸爸也改名字叫“苏军”，即苏联的军队。但是后来国共合作失败，我妈妈就带我爸爸来参加共产党了。

我妈妈说我是1941年阴历十二月生的，没几天就过年了。后来我在日历上查了一下，我出生日期相当于1942年阳历2月6日。我出生以后，我妈妈给我起名叫“东海”。为什么叫东海呢？她说当时胶东区分为东海、南海、西海、北海四个区。因为我出生在东海区，就给我取名叫“东海”。但是我想应该还有另外一层含义，那就是福如东海，我妈妈希望我永远幸福。

我出生以后妈妈没有奶，她自己都经常吃不饱，还要到处工作。于是我妈妈就抱着我到处吃百家奶，所以哺育我的乳娘有好多。当时周边很多生小孩的阿姨，我都吃过她们的奶。后来就把我专门交给一个叫李秀珍的来喂奶，她就是我的乳娘珍妈。

我很骄傲自己有两个妈妈，一个是亲生妈妈，一个是珍妈。我出生那段时间，有很多乳娘哺育我，她们都是我的妈妈，我永远感激她们。

我刚出生的时候营养条件很差，好像不足月就出生了，生出来比小猫还小。后来长大成人也是很不简单了，全靠珍妈哺育我。放她那儿专门养我以后，我噌噌地长起来，长胖了，就像换了一个人。

我全靠珍妈把我养起来的，否则的话，瘦瘪瘪的哪天突然死掉了都不一定。所以我一直想找珍妈，但是一直都没有音讯。

在我之前，我还有个姐姐。我姐姐比我大 3 岁，也是放在老百姓家里养着。我那个姐姐叫张莉莉，在 1942 年反“扫荡”的时候，当时大人都抱着孩子在山洞里面躲日本鬼子，山洞里面传染天花，互相传染得很厉害。我姐姐就是在那个时候得天花死掉了。当时她已经 5 岁了。那个时候我也得了天花，珍妈天天抱着我，我竟然活了下来，没死掉！我想可能跟我妈妈给我起的这个名字有关系，她就是希望我福如东海。

母亲是胶东育儿所早期创办者之一

育儿所创办的具体情况我母亲给我讲得不多。据我母亲说，当时要行军打仗不可能带孩子，组织上需要建立一个育儿所收养这些出生的孩子，我母亲就担负起了这个任务。当时我母亲的工作是非常紧张的，有妇联的工作，还有好几样工作，都在忙。她也很辛苦。

在育儿所时我就知道，我有自己的母亲。育儿所的大姨告诉我说，我母亲名字叫苏政。她们说我母亲个子不太高。1948 年，我母亲来看我，我问旁边的老师：“她就是苏政啊？”我母亲后来跟我讲，我跟一般的孩子不一样，一般的孩子见了就要抱抱什么的，我就没这个反应，我没叫妈妈抱。因为我从小记不得她抱过我，所以就没这个反应。

我记得还有一次在滕甲庄他们来看我的时候，我在旁边玩石头，玩砖头。我爸爸妈妈沉默不语。因为从小没在一起培养感情，我跟妈妈没有通常母子的那种感情，所以见面以后也很少坐下来沟通沟通，没有。我想这就是战争的残酷性。

母亲说她老是梦见敌人“扫荡”，飞机在天上轰炸

我母亲具体怎么筹备成立胶东育儿所的，她也不太给我讲，但她给我讲得最多的就是她老是做梦。她说她经常梦到有鬼子“扫荡”，飞机在天上轰炸。她们到处找山洞躲鬼子。我就没有做过这种梦，因为那时候我还小，没什么记忆。

胶东育儿所的孩子们在集体刷牙（胶东育儿所资料图）

儿时最亲的人应该就是我珍妈吧！其他我都想不起来，没有印象了。

在腾甲庄胶东育儿所，我对丁老师印象最深。丁老师负责我们教学，她教我们语文、算术、历史，还教我们劳作。劳作就是用泥土捏成各种玩具，最简单的就是用泥土捏成小碗，然后往地上一摔，砰的一声破掉了，就听个响儿。

冬天时，上课那个教室里面有个铁炉子，一个烟筒通到外面，所以教室里暖和点儿，不是很冷。当时没有铅笔，也没有毛笔，就用滑石做的石笔在石板上写字。后来到牟平以后，开始学写毛笔字。最早学习小学课本第一个字就是“羊”，大羊小羊上山吃青草。第一课、第二课都是丁老师教我们。

记得齐大姨还抱着我睡觉，大概是因为我在睡梦中惊叫

丁老师是管教育的，管生活的叫大姨。我记得齐大姨抱着我睡觉，大概是因为我在睡梦中惊叫。每当我在睡梦中惊叫时，大姨就来拍拍我，还抱着我，安慰我，这个印象比较深。

腾甲庄时期的生活最丰富，我们上过体育课，还去夏村看戏。元旦的新年晚会上，育儿所的小孩一起唱歌，唱的是《没有共产党就没有新中国》。

夏村在腾甲庄的旁边，那时候好像有一个文工团，他们演京戏演得很好。我以前没看过京戏，后来到那儿去看京戏。那时候有一个舞台，三个大灯挂在上面。我还看过《空城计》。

在腾甲庄时期，小朋友也相处得非常好。跟我交往最多的就是刘继光，经常带我玩。他比我大好几岁，懂得比我多。他懂京戏，教我们唱京戏，教我们怎么翻跟头，还给我讲故事，所以我小时候在有些方面都是接

受他的教育。

刘继光的妈妈是刘志刚，她是育儿所的所长。她经常来看我们，非常和蔼，戴个眼镜。我印象很深。

我跟刘继光，还有一个小女孩，沟通最多。这个小女孩名字叫张敬芝。好像一直到牟平革命烈士子弟小学，我跟她都是最要好的。如果以后有机会再见到她，对我就是很大的幸福了。

我印象深的小朋友除了刘继光、张敬芝、司晓星、王晓生，还有张好转、张城乡。我记得很清楚，张城乡跟我一样，满脸都是因患天花留下的麻子，她比我还厉害吧。前段时间在育儿所见面，我还见着张好转了。她的样子跟小时候差不多。

我对司晓星有记忆。1951 年，育儿所要把我们大班的孩子转到牟平烈士子弟小学，大家在吃早饭的时候，司晓星突然跑到门口来跟大家讲："大汽车来了，大汽车来了，大汽车拉我们走了！"

这辆大汽车前走走、后退退，她就这样喊。我印象很深刻，当时她非常兴奋。

我们大班从腾甲庄整个转移到牟平革命烈士子弟小学，就是要离开育儿所了。这所烈士子弟小学专门派了一个教导主任来接我们。大汽车开了一天，开到牟平，然后就是在牟平革命烈士子弟小学接受正规的小学教育了。

1953 年，我母亲已经南下到杭州了

从 1951 年秋天离开腾甲庄，我们先到了牟平，在牟平待了两年时间，大概是到了 1953 年夏天，我们又到了文登。在牟平时期，也有小孩一个一个被领走了，当时我也想，我的妈妈什么时候来领我？

大概是 1950 年，在腾甲庄的时候，我父亲派警卫员来接我，到他那儿去待了一个星期的时间。那时候他在文登好像是公署专员，他用自行车带着我到文登去，待了一个星期，然后又把我送回到腾甲庄。从腾甲庄到了牟平以后，大概是我母亲的一个弟弟到牟平来看过我，我还以为他来是要领我走的，结果他说只是来看看我。

1953 年到了文登以后，我母亲派我的表姐来把我接回去。那时候，我母亲已经南下到杭州了，在法院工作，要把我接到杭州去。我当然很高兴了。我那时候 11 岁了，什么事都懂了。

到了杭州以后，我母亲把我安排到干部子弟小学读书。

第一次见到母亲好像没有一般的家庭那样又亲又抱的，当时我就想着我母亲是比较矮的。

在小学时期和初中时期，我经常想到育儿所，经常想到腾甲庄。我就想回去找丁老师，找那些小朋友，真的想。育儿所情结始终在我心里。那段时间，做梦的时候老是梦到腾甲庄，所以我微信的名字就叫“梦萦腾甲庄”。

后来我调到北京学习，才又跟大家提起我以前在育儿所的情况，我是想找他们回去看一看。但育儿所也好，烈士子弟小学也好，都撤销了。

初中的时候，我在书店看到一本书，是一部小说，名字好像叫《为了革命的后代》。我一想他写的不就是我育儿所的生活内容吗？这本书勾起了我对育儿所的回忆。于是我就主动跟乳山市联系，也是想找找我的珍妈和丁老师。我一直想找丁老师，但联系晚了，当我打电话到烟台毓璜顶医院的时候，她们说丁老师已经去世两年了。

因为育儿所的生活，我对农村的感情是非常深厚的

整个育儿所时期，为我的人生奠定了基础。在老百姓家里，我接触到了农村生活的方方面面，所以我对中国的农民是很了解的，也是很有感情的。

在腾甲庄时期，虽然是集体生活，大姨们也经常带我们到周围走走，参加户外活动。看看农作物的情况，看怎么种地，怎么生活，这些我都了解。我比一些城里长大的孩子要多一些生活的阅历，这非常重要。从情感上来说，我对中国的农村，对农民抱着一种非常热爱的情感，我对农村的情感是深厚的。

对胶东抚养我的乳娘和其他的那些农民，我感觉自己和他们是一体的。在农民家里吃地瓜，吃芋头，吃豆腐渣，这都是非常享受的。现在回想起来我也是很享受的。我感谢我有在农民家生活的经历。那个时候，我的乳娘带我去地瓜地里捡地瓜秧，我那个姑姑弄好吃的东西给我吃，我都印象很深。在腾甲庄育儿所的时候，我有两次睡着了，大概是夜里做梦，我喊醒了，大姨在被窝里抱着我睡，哄我。我对他们都有着深厚的感情。

儿时的张好转与姐姐合影

张好转：

教导员给我们起名字，二姐叫张城乡，我叫张好转

张好转（1943—　），女，又名张霞，出生于胶东，山东招远人，胶东育儿所乳儿。现居山东省青岛市。

关 系 人：

张同青（1912—1976），张好转父亲。

母亲信息不详。

受 访 者： 张好转

采访时间： 2020 年 9 月 7 日上午

采访地点： 山东省青岛市

采 访 者： 笔者

母亲去世后，大姐通过村里党组织帮着把我母亲掩埋了

我 1943 年出生，我的老家在山东省招远县。

1936 年，我父亲在地下党的帮助下，成立了一个抗日救国会。他 1941 年加入中国共产党，1942 年至 1943 年任乡长。1946 年我母亲去世以后，因为我父亲在外面参加革命，我大姐就通过村里党组织帮着把我母亲掩埋了。当年 7 月还是 8 月，我父亲回来带着我 15 岁的大姐和 12 岁的哥哥，都出去参加革命了，我大姐去了兵工厂，我哥哥当了通信员。家里剩下了我和我二姐，当时我二姐 7 岁、我 3 岁，我们俩都在村里老百姓家生活。我姐姐被一家抚养，我被另外一家抚养。老百姓对我们生活上、住宿上、吃穿上非常照顾，对我们都非常好。

我在老百姓家大概住了半年时间，我就记得他们在炕上放地瓜。因为是冬天，炕上暖和，地瓜放炕上冻不了。我在炕上睡里头，这样暖和，也掉不下来。吃也好，玩也好，都是老百姓照顾着我。他家也有小朋友，也有大哥哥，都记不住了。

转过年来春夏交接的时候，我就离开了，老百姓把我照顾得很好。因为我失去了母亲，父亲又不在家，哥哥姐姐也不在，都是他们照顾我，所以他们就是我的亲人！我们的感情也比较深。

教导员给我们起名字，二姐叫张城乡，我叫张好转

1947 年的七八月，村里接到华东军区后勤部的通知，得把我和姐姐两个人送到育儿所去。当时村里老百姓给我们做了新衣服，我们照相时穿的衣服就是老百姓给我们做的。走的时候，老百姓还烙了火烧，给我们带着路上吃。村里又找人推着小车，把我们两个人送到黄县（今龙口）。

推着小车过了河，到了黄县以后，就下午五六点了，黑天了。接待我们的好像是教导员，叫张桂芳，我姐姐因为年龄大一点儿，她都记着。当时她们都吃过饭了，就赶快给我们做面条吃，安排我们住下。

到了第二天，就安排登记。因为我母亲去世了，我父亲参加革命也不在家，我们都没有名字。当时村里人喊我二姐“大嫚”，我就叫“三嫚”。张桂芳教导员说得给你们起个名字啊，不能没有名字。正好部队上正在学习文件，她就说：“现在城乡和农村比较缓和了，城乡互助也好转了，你们老大叫‘城乡’，你就叫‘好转’吧！”

从此以后，我们两个都有了名字。张桂芳教导员给我二姐起名叫张城乡，我叫张好转。然后在育儿所我被分到了小班，我二姐在大班。

我二姐比我大 4 岁，我上胶东育儿所的时候，她 8 岁，属于育儿所的大孩子了。她那时已经可以帮着育儿所阿姨照看那些小朋友了。

我二姐对刘志刚所长特别熟悉，印象特别深。包括给我们起名字的那位老师，我不知道名字，二姐说那位老师叫张桂芳。我二姐是 1938 年出生的，现在已从鞍山招商局退休了。

后来我参加工作，同事就说：“你这叫什么名字？你快改改名吧！”同事当然是开玩笑。我就说：“好啊好啊！改就改吧！”就叫了个张霞，一直到现在。

小红帽，年纪虽小志气高

在腾甲庄的时候，我记得在那间大屋里，我们看歌剧《小红帽》。这个我印象特别深，我记得一出场，是一间小房子，后面背景是一座大山，小红帽出场的时候唱：

我，小红帽，
年纪虽小，
我比爸爸跑得快，
我比妈妈蹦得高，
提着馍馍，一大篮篮，
去到山上把外婆瞧。

我永远记得这首歌，这是我看的第一部歌剧，所以印象特别深。

我还记得上一年级时我们很调皮，光说话，于是丁老师带我们玩脑筋急转弯：“一张桌子去掉一个角，还有几个角？”我印象特别深。

在育儿所里，我记得吃饭时我在中间。我们两个小座，这边三个，另一边三个。在里边那间屋里就是一些更小的小孩，阿姨需要更仔细照顾。吃饭的时候，我们一人一个蓝花小碗。每天早晨，老师拎着一个桶，一个小碗舀一勺牛奶；饭后再使这个小勺，滴一滴鱼肝油让我们喝。

该玩的时候老师就领着我们出去玩，有时候在院子里做游戏。我记得一个夏天，我们搬到了腾甲庄，我那会儿 5 岁，都记事了。那会儿去的同学有张东海，还有杨新华。当时我们住在一个大庄园里，我们住的小床还带蚊帐。

到冬天了，给我们发了棉裤棉袄。睡觉就在旁边一间长条的屋子里，老师对我们照顾得非常细致，每天晚上烫脚、洗脚，有时候剪指甲。为什么对剪指甲印象深呢？因为老师晚上点的小油灯也看不太清，有一次把我中指剪出了一点点血。老师安慰我说不要紧，然后就给我包起来。第二天早晨起来，老师问我好了没有，当时查看了下，都好了，所以印象深。

我记得有位丁老师，我叫她丁大姨。后来听说丁大姨在烟台，我二姐七几年出差还专门到烟台毓璜顶医院去见她。

在腾甲庄那个后院有一棵大柿子树，下课时男生就爬上去。我记得杨新华那时候特别调皮，他爬上树就往下扔柿子，他扔我就捡。在腾甲庄的时候我们好像还有夏令营，去刘公岛，在军舰上我们每人写张纸条，就是你长大了以后想干什么。我记得当时我在纸条上写长大了想当医生。丁老师帮我们把纸条放到一个小坛子里，就埋到了刘公岛上，这个我印象非常深。

在育儿所叔叔阿姨的照顾下，我们这些小孩一直无忧无虑，也不知道自己还有父母。一直到 1953 年的夏天，也可能是秋天，我们就坐上大板车，被拉到了文登烈士子女小学。我记得去的时候，一进大楼，上面挂着一个大牌子：文登烈士子女小学。女的站在一边，男的站在另一边，中间是大操场。那时候就陆陆续续有同学被接走了。张东海在那里住了半年就被接走了。我走得晚，是 1954 年 11 月离开的。

母亲去世了，父亲不知道我们有名字，找不到我们

我感觉我是最后一个离开文登烈士子女小学的。当时老师告诉我：“你的父亲还没找着。因为母亲去世，你父亲一直在外面奔波，在哪个地方还没落实下去。”

其实当时主要是因为我父亲不知道我们的名字！因为我和我二姐是育

儿所教导员给起的名字，我父亲也不好找我们。我记得是 1954 年 11 月，一天下午，老师来叫我，说：“你父亲来领你了。”

我说我没有父亲。因为从来没有人提起过父母的事，我就不想去。老师领着我去了传达室，我在传达室外头看了看，不认识。老师在那里说：“这就是你爸爸，叫爸爸。”

我父亲看见我，他就掉泪了。我当时年龄小，不知道什么。我看了看父亲，感觉不认识，我也不叫他。我躲在一边，老师就往里拽我。父亲站在那儿抹抹眼泪，说：“我来领你走，回家。”

我也没吱声，就跟着。我父亲还到文登一中去接了我姐姐，然后就接我们来青岛了。

我和我大姐 1955 年才认识。因为他们都跟着部队南下，我大姐从被服厂南下，往南京调。临走前，她来看父亲，也来跟我认识认识。我那时上小学三年级，她在学校门口等着我，我不认识她。放学以后，我就感觉有个女的老跟着我，我怕是坏人，到河南路上拐弯就是我家了，这个女的还跟着我。吓得我就跑，一头撞电线杆子上，那时候电线杆子都是木头的，我捂着头继续往家跑。跑到家以后，这个女的也跟来了，跟来就哭。那时候家里还有保姆，保姆说：“这是你姐姐，是你大姐！”我这才跟我大姐认识，当天晚上她就出发了。

我跟我哥哥是 1960 年认识的，他在新疆长病了，回青岛来看病，见了一面。我哥哥回新疆以后，用信封给我寄了钱让我上学。

那是我一生当中最快乐的时光

从我的经历来看，是乳娘养育了我们这一代人，是伟大的乳娘养育了我。在那个年代，生活都困难，但是我们都好好地活了下来。虽然我稍微

胶东育儿所的孩子们在集体用餐　　电影《战争中的母亲——胶东乳娘》资料图

大一点儿，没吃过乳娘的奶，但是育儿所的阿姨们像妈妈一样养育了我，关心照顾我，实际上她们就是我的乳娘！我心里一直也把她们当作娘。

我说是伟大的乳娘养育了我，战争年代她们确实不容易，我非常感谢她们。我在育儿所的时候很快乐，是我一生当中最快乐的时光。

伟大的乳娘养育了我，大爱的乳山养育了我，那里给了我快乐的童年，我一生都忘不了。

宋玉芳：

我妈说，都不上前线，都得做亡国奴你知道吗

宋玉芳（1944.12— ），女，乳名爱利，胶东育儿所乳儿。现居山东省青岛市。

关 系 人：

宋玉芝（1947.10— ），宋玉芳妹妹，胶东育儿所乳儿。

受 访 者： 宋玉芳

采访时间： 2020 年 11 月 5 日上午

采访地点： 山东省青岛市

采 访 者： 笔者

从记事起我就只知道小朋友、阿姨，不知道什么是父母

我是 1944 年 12 月 11 日出生的，当时由于父母都要参加革命，跟着队伍走，我出生不到 3 个月，1945 年的初春，爸爸妈妈就把我送到胶东育儿所了。长大以后，我就问我妈，我有乳娘吗？她说你没有，因为当时乳娘不是很好找。她当时要跟着部队走，孩子就给了中间联络人，完了就不知道送到哪里了。后来知道像我们这种能喂糊糊的，暂时找不到乳娘就喂糊糊。送到老乡家里，老乡直接就给芋头糊糊吃。

从我记事开始，我就只知道小朋友、阿姨、叔叔，不知道什么是家，什么是父母。后来全国解放了，那时候我已经 8 周岁了，8 周岁之前我不知道有家，也不知道有父母。

我妹妹是解放战争时被送到胶东育儿所的，当时她两个月大，有乳娘。她在小班，我在大班，我们两个竟然不知道是亲姐妹。后来我们小朋友聚在一起我才知道，好多人都是这样的，像张霞姐姐还有晓星姐姐，兄妹都在一个育儿所。我妈说那个战争年代，因为要保密，阿姨也不知道我们是亲姐妹。后来要去接我们的时候，我妈去了一封信，告诉阿姨，小班一个叫小林的是我妹，这个时候我才知道，我还有个妹妹。

那时全国解放了，我记得有一次阿姨跟我们说："孩子们，你们都有家，都有父母。"

阿姨就跟我们说什么是父母，什么是家。她说你们为什么没有见到

父母，是因为咱们国家遭受日本侵略，你们的父母都上前线抗战去了，所以由阿姨叔叔来带你们。现在全国解放了，你们的父母很快就会来接你们了。直到这个时候我才有了家的概念。

后来我记得很清楚，来接我们回家的时候，父母没来接，是警卫员叔叔来接的。当时我记得我妹妹死活不跟着走。她抱着阿姨的腿，到现在这个画面在我脑子里还记忆犹新。她性格特别倔，不像我。我当时也不愿意走，但是因为大一点儿了，对这个家，好像有一种好奇感。虽然也很不愿意走，有些勉强的感觉。

我趴在车窗上流泪，我看见阿姨也站在底下用袖子擦眼泪

妹妹哭得很厉害，后来我看阿姨也哭了。阿姨没办法，就使劲把我妹妹抱起来，抱上车了。我妹妹就在车上挣扎，哭号了一路。我不像我妹妹，我的性格比较内向一点儿，腼腆一些，我就趴在车窗上流泪，我看见阿姨也站在底下用袖子擦眼泪。这个画面至今在我脑子里面老是出现。

在我印象当中，育儿所阿姨叔叔就是我的全部，就是我的家。实际上我们被接回家以后，一直到年龄很大了对家人也不亲。一直想回育儿所，这个想法始终埋在心里。但是当时年龄小，不能做主，大了以后又是工作，又是方方面面牵扯着，再说那个年代交通、信息都不方便，我们回来也寻亲无门。

后来我就跟我妈说："妈，我真的不理解你们，我不到 3 个月，我妹妹才两个月，你们怎么就舍得扔下了呢？"

我妈叫着我的小名说："爱利，你这个话问的，你们怎么能知道当时那个战争年代是什么情况？大半个中国都没有了，都不上前线，都得做亡国奴你知道吗？！"

宋玉芳与妹妹宋玉芝合影

胶东育儿所小朋友表演节目

电影《战争中的母亲——胶东乳娘》资料图

听了我妈说的话，我琢磨了半天，是的，当时大半个中国都被侵占了，都不上前线，真的就得做亡国奴。

我父亲在解放南京的时候受了伤，弹片正好打在腰上一条神经旁边。他 52 岁就去世了，去世的时候身上的弹片也没取出来。因为离神经太近了，当时那个年代的技术不行，不敢取，所以我父亲是带着弹片走的。

一直到退休以后，我和我妹妹提出来，我说咱们都退休了，赶快找个时间回去看看阿姨。于是我们就开始联系安徽省医科大学的段桂芳，她小时候和我在同一个班。

段桂芳是出生一个月就被送到胶东育儿所了，后来她父亲上战场牺牲了，她连父亲的面也没见着。她的小名叫胜利，大名叫段桂芳。段桂芳的父母和我的父母在一个部队，所以我和她有联系。我是 1953 年被接出来的，段桂芳是 1954 年被接出来的，当时我们两家在蚌埠市一起住，警卫员、阿姨都是同一个。所以我们两个始终断断续续地有联系，我就联系她回乳山寻亲，找阿姨。

王阿姨，我给你唱首你当时教给我们的儿歌好吗

我就赶快和段桂芳联系，我们一块儿专程回乳山寻亲。最早是先跟王占梅阿姨通上了电话，我说："王阿姨，我在育儿所的小名叫爱利，我的好朋友的名字叫胜利，你能不能记着胜利什么模样？"

我就想试探试探，王占梅阿姨还能不能记起我，会不会是我们班的阿姨。真巧了，王阿姨稍稍地沉默了一会儿，她就说："胜利，胜利矮矮的个儿，圆圆的脸。"

当时我就愣了，我说王阿姨你的记忆力太好了，胜利就是矮矮的个儿，圆圆的脸。我激动得直掉眼泪。我说："王阿姨，你当时是在哪

个班？”

王阿姨说：“我当时是在中班。”

我说：“王阿姨，我和胜利就在中班，你就是我们班的阿姨！”王阿姨也很激动。我说：“王阿姨，我给你唱首你当时教给我们的儿歌好吗？”她说：“好啊！”完了以后我就在电话这边唱摇篮曲，我唱“弟弟疲倦了，眼睛小，眼睛小要睡觉”，结果我刚唱了一句，王阿姨在电话那边就接过去了，我们两个就在电话里把这首摇篮曲唱完了。

我们约着到王占梅阿姨家里去拜访，一进门的时候，大家都很激动，我忍不住地就喊她娘了！

我们一起回忆当年育儿所的一些情况，唱了很多王阿姨教的儿歌：“月儿弯弯，星儿闪闪，我们都是儿童团，站岗放哨，又当侦察员，探查行人捉汉奸。”好像我几十年压抑在心头的梦想，终于释放出来了。很多记忆也慢慢地模模糊糊地想起来了。

王占梅阿姨说：“爱利，你记不记得咱们有一次在操场上玩，天上有飞机的声音，阿姨就像疯了似的，说让你们趴下趴下都不许动，你记不记得这件事儿？”

王阿姨一提我就想起来了。我说：“是，当时你身边好像有两个孩子，一下都扑倒了。现在想真的就跟老母鸡护小鸡一样。”

再一个就是夏天给我印象很深，我们由阿姨领着，唱着歌到河里去洗澡。那时候年龄小，男孩女孩都在一起，男孩特皮，把水使劲地往我们女孩身上泼。再一个我们院子里面有一棵大枣树，有一个叫尹立山的男孩特别皮，他经常往枣树上爬，爬到那棵树上使劲摇，他一摇树枣就掉下来了。一看阿姨来了，他就赶快下来了。他把枣摇下来，我们就赶快在底下捡枣吃，特有意思。

我还记得有一次我发烧了，阿姨说：“爱利，你今天不能出去玩了，

笔者与宋玉芳（右二）、于致荣（中）、邢莉莉（左二）、司晓光（左一）（2021 年 10 月 20 日）

你发烧了。”完了就让我躺在床上，不一会儿，阿姨就端来一碗藕粉，说：“爱利快喝下去，能让你舒服一些。”我很快喝下去了，很舒服，暖暖的。

到现在想起这些事情，我止不住要流泪。阿姨对小朋友特别关心，我还记得有一天晚上我们上床后睡不着，就在那里说话，阿姨听见后走过来，让我们快睡觉。过了一会儿，那个阿姨就开始唱摇篮曲，一边唱着一边给每个小朋友转转枕头、扯扯被子。就来回这么唱，一开始我眯缝着眼睛看着她，不知不觉就睡着了。那时经常就是这样。

我最向往的时光就是在育儿所的这段时光

在我内心深处，育儿所才是我的家，从小生长的地方，养育我的地方，早期接受教育的地方，这种感情是根深蒂固的，是磨灭不了的。

我最向往的时光就是在育儿所的这段时光，让我回味无穷，好多事情真的就像过电影一样，在脑子里面一幕一幕的，不管什么时候，只要闲下来，这些镜头就在脑子里一个一个地过，那段时光是我一生当中最快乐的时光，无忧无虑。

永远感谢乳娘和阿姨们，在那么残酷的年代，却给了我们一个快乐的童年。谢谢，永生难忘！

杨新华：

我母亲说，要武装起来打日本鬼子，所以改名叫宋武

杨新华（1944.7— ），男，出生于山东省荣成市，胶东育儿所乳儿。退休前是烟台市某单位干部，现居山东省烟台市。

关 系 人：

杨千（1908—？），杨新华父亲，1936 年参加革命。

宋武（1914—2013），杨新华母亲，1939 年参加革命，曾任胶东育儿所所长。

受 访 者： 杨新华

采访时间： 2020 年 9 月 19 日下午

采访地点： 山东省烟台市

采 访 者： 笔者

我母亲叫宋武，实际她不姓宋，她姓滕，叫滕文聪

我叫杨新华，1944 年 7 月 14 日出生在我的老家荣成市凉水泉村。这里是一个革命的小山村，也就一百来户，但是出了好多名人。1949 年 12 月，我跟我母亲——胶东育儿所副所长宋武来到胶东育儿所。一直到 1952 年我离开育儿所，在那里住了不到 3 年时间。

我母亲叫宋武，实际她不姓宋，她姓滕，叫滕文聪。这个名是我姥爷给她起的。我姥爷是清朝末年的秀才，他也希望我母亲在文化这方面有所建树。我母亲自己改名叫宋武，她说："我就在这儿武装起来，武装起来干什么，就是打日本鬼子！"其实我母亲才一米五六的个头，一点儿也看不出哪儿"武"来，但是她就起了这个名。

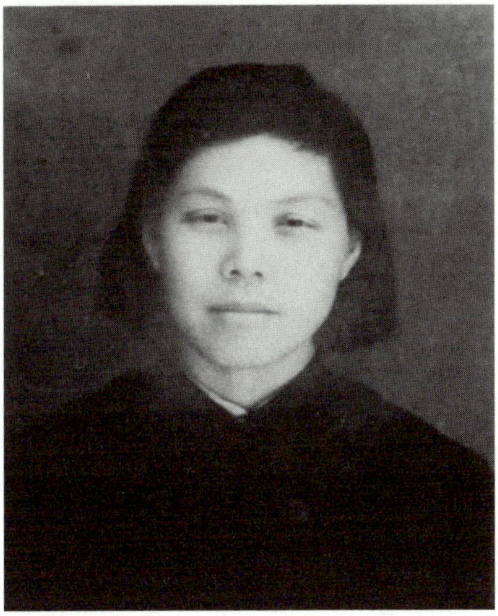
宋武（1949 年 12 月—1951 年年底任胶东育儿所所长）

我的舅舅叫滕民生，1934 年参加革命。我母亲就是受了我舅舅的影响也参加了革命。

我的父亲叫杨千，他原名叫杨永佐（音），为了抗日把名改成了"杨千"，意思是要发动千千万万的

群众起来打日本鬼子！我父亲1908年出生，属猴的。他家在当地是最富有的家庭，家里有钱，有土地，有房屋。为了抗日，他把所有的土地、房产、山产都交给了国家。现在成了保护区。我父亲实际上1936年就参加革命了，我母亲1939年参加革命。

1940年我父母结婚以后，我母亲主要还是从事妇女抗日救国工作，当时她是妇救会的会长。她还在文登、荣成、牟海县从事妇女抗日救国工作。后来为了革命工作需要，她又到了莱阳师范学校，还到过烟台芝罘学校。

母亲当过胶东育儿所所长

我母亲1949年12月来到乳山胶东育儿所，任政治指导员兼副所长。1951年，刘志刚所长调离育儿所后，我母亲就任所长了。一直到1952年7月，我母亲又调到了烟台育儿所。后来，我母亲从事妇幼教育工作一直到退休。我母亲一辈子热爱这项工作，她说她带过的孩子遍布祖国各地，真正的桃李满天下。

我母亲在2013年去世了，她去世时99岁，虚岁100岁。她生前给我讲了不少育儿所的事。

我在胶东育儿所的时候，育儿所已经搬迁到乳山县的腾甲庄了。在腾甲庄的育儿所是一个庄园一样的大院子，我的印象就是一个大门楼子，那个门特别高，两头石狮子在门口，里头好多院子。

当时我母亲对我们这些小朋友一视同仁，从来没给过我特殊待遇。我在班里年龄不算大，也不算小，是中等的。我母亲当时有宿舍，但是不让我和她一块儿睡，我睡觉啊、洗澡啊、剃头啊，全都和小朋友在一块儿。我记得很清楚，洗澡的时候，男孩女孩都是一块儿，两个孩子洗完了再换

保育员给乳儿洗澡　　　　电影《战争中的母亲——胶东乳娘》资料图

上两个，我母亲从没有单独地照顾过我。

那时候，我母亲的布袋里经常装着好吃的，花生啊、糖块儿啥的。她给这个小朋友俩，给那个小朋友俩，就是不给我。我看着她快走过来了，结果她却绕开我走到那边去了。有时候我就想这些事儿，我觉得这是干吗？母亲好像是故意的还是怎么回事？

我不知道母亲这样做的原因是什么，可能是因为我调皮，也可能因为她是所长吧！我母亲很和蔼，我从来没看见她朝谁发过火，一直都是笑眯眯的。她受过正规教育，是晓之以理的人。我分析，我父母对人和气，宁愿自己吃亏，从不计较得失，这样胸怀宽广容易长寿。他们都是高寿，可能跟这有关系。

丁玉春大姨，我有时候在恍惚之间就觉得她是我的母亲

令我印象深刻的是丁玉春大姨，她就和我的母亲一样。她对我的关怀和照顾比我母亲多，我在她身上感受到了母亲的那种母爱和伟大。尤其是我感冒发烧的时候，她比我母亲对我还好。我有时候在恍惚之间就觉得她是我的母亲。

我们这代人出生在战争年代，是经历变革最大的一代人，我们这代人讲博爱和仁爱，讲仁义礼智信，所以育儿所对我们的教育还是非常成功的。

在育儿所那些小朋友中，我和李丽惠很熟。1961 年在烟台市上初中的时候，我们俩在一个班。还有徐永斌，他比我大一两岁，他以前来寻亲，我前一阵还见过他。

李亚力母亲宋兹心

李亚力、李晓群与父母合影
（约 1951 年）

李亚力：

我妈妈在学生时代就参加革命了

李亚力（1945.2— ），女，出生于山东省烟台市栖霞市，胶东育儿所乳儿。出生后被胶东乳娘抚养，两岁多回胶东育儿所生活。李亚力是四个兄弟姐妹中的老二，她的哥哥和弟弟也都是老百姓抚养大的。退休前在高校从事教学科研工作，现居山东省青岛市。

关 系 人：

李光远（1914—1991），李亚力父亲，山东省蓬莱市人，1938 年加入中国共产党，生前任青岛市副市长、青岛市政协副主席等职。

宋兹心（1917—2006），李亚力母亲，山东省蓬莱市人，1938 年加入中国共产党，生前任青岛市委秘书长、青岛市人大常委会副主任等职。

徐一东（1940—2023），李亚力哥哥，原名李伟林，1940 年出生在沂蒙山，被沂蒙山区老百姓抚养长大，1957 年回青岛读中学。参加工作后跟沂蒙山区的养父母一起生活，并为养父母养老送终。

李晓群（1947— ），李亚力弟弟，乳名群生，胶东育儿所乳儿。

受 访 者：李亚力

采访时间：2019 年 11 月 6 日上午

采访地点：山东省青岛市

采 访 者：笔者

我叫亚力，亚洲的力量；弟弟叫群生，吃百家饭长大的

我是1945年正月出生的，出生以后因为战争需要，我妈妈把我送到老百姓家去了。在老百姓家里把我养到两三岁的时候，大概在1947年，我被接回胶东育儿所。我妈妈一直跟我讲，说在这几个姊妹中我身体最好，是因为我乳娘的奶好。

我弟弟是1947年在山洞里出生的，出生的时候光知道外面下大雪，具体的日子我妈记不清了，所以最后给他定的生日就是1947年1月1日。我弟弟也是从小送给老百姓家寄养的，但是他送到老百姓家是吃百家饭长大的，不像我是专门一个乳娘照顾我。

我还有个哥哥，他是1940年在沂蒙山出生的。出生后他也被送到老百姓家里了。那家姓徐，他们把我哥哥当成自己亲生的孩子抚养大。我哥哥出生时，我爸妈给他起的名叫李伟林，送到老百姓家里后就给他改名叫徐一东，小名叫拴住，就是把他拴住了。

青岛解放以后，到了1957年，因为我哥哥小学毕业了，在农村山区里没法上学，所以就回到青岛来了。他初中毕业上了青岛冶金技术学校，就是现在青岛理工大学的前身。

毕业分配的时候，因为我哥哥学的是采矿专业，所以到山东淄博一个油矿去工作了。随后他把自己在沂蒙山的养父母都接到那儿去了，一直把他们养老送终。

我小时候的名字叫亚力，我爸说意思是“亚洲的力量”。那时候抗日战争马上结束了，已经知道亚洲要胜利了，所以就起名叫亚力。我弟弟因为是吃百家饭长大的，所以他的乳名叫群生，意思是“群众生的”。我妹妹 1949 年出生，那会儿人们要学习布尔什维克，所以她的名字叫李布。

我是幸运的，很多孩子的父母都牺牲了，也有至今找不到父母的

我爸爸叫李光远，1914 年出生；我妈妈叫宋兹心，1917 年出生。他们都是山东蓬莱人，在蓬莱参加革命。

1936 年，我妈就参加革命了，那时我爸是小学教员，我妈还在青岛上学。1938 年，他们都加入了中国共产党。

我小时候是乳娘把我带大的，然后再送到胶东育儿所。一直到了 1949 年 8 月我才回到青岛。到青岛以后又到青岛的机关托儿所，然后就在父母身边长大了。

我是幸运的，很多孩子的父母都牺牲了，也有至今没有找到父母的。不管怎么说，我和我弟弟、妹妹虽然经过了解放战争，但解放以后我们都在父母身边长大，受到了祖国的教育、关怀。

儿时段桂芳和姐姐合影

段桂芳：

一开始我们都不知道自己还有父母

段桂芳（1945.2— ），女，出生于胶东西海医院，胶东育儿所乳儿。退休前从事医护工作，现居安徽省合肥市。

受 访 者： 段桂芳
采访时间： 2020年8月11日晚
采访地点： 安徽省合肥市
采 访 者： 笔者

因为她身上有一股药水味道，我想这个是坏人吧

我是 1945 年 2 月出生的，我妈妈那时候在西海医院当护士，她们经常到部队去救伤员，所以我出生两个月就把我送给乳娘养着了。我爸爸那个时候也在部队，他好像是教导员。

父母都顾不上我，他们在部队把我生了以后，就送给当地的贾家村（音），然后妇女组织找人抚养我，到底是哪个乳娘抚养我的我也不知道。后来又把我送到育儿所去了。

再后来我都好几岁了，育儿所大姨跟我说："走，我带你去找人去。"大姨就把我带到大班去了，她说："这个姜志英（音）是你姐。"那个时候我才晓得我还有个姐。

我们在育儿所，大姨、老师对我们都蛮好的，想办法带我们去做手工劳动，教我们用泥巴做甩的那种泥巴玩具。一开始，我和育儿所的小朋友们都不知道自己还有父母亲。我们一天到晚在育儿所玩得很高兴，哪晓得还有父母啊！

到后来大概是 1953 年，我妈去接我姐姐，顺便看了看我。大姨说："你妈来了。"

那个时候别人要看我们，身上是要消毒的。我闻着她身上有股药水味道，我还想这可是个特务啊，我怕！

大姨说："不是的，她是你妈妈，不用怕！"

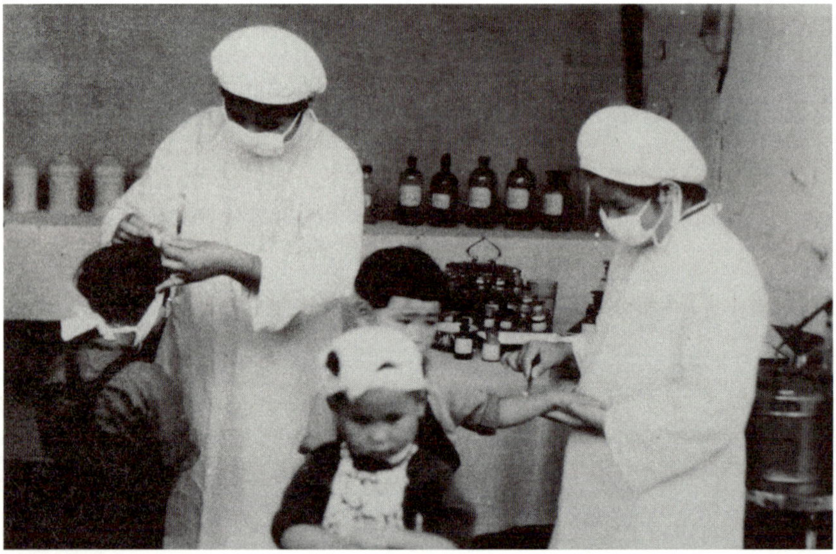

胶东育儿所的孩子们在接受治疗　　电影《战争中的母亲——胶东乳娘》资料图

我是这样才跟我妈认识的。第一次见到我妈并不亲切，就感觉她不是我妈。

因为那时候父母要搞革命事业，就没有接走我。后来，是老师把我送到我父母家里去的。那时我已经 9 岁了，大概是 1954 年春天，我还穿着棉袄，老师说要送我回父母的家。我记得一开始坐马车，后来又坐火车，从那以后我就到了父母身边。后来，我们也是到处跑。在这个地方待了几个月又搬走了，在那里住个半年、一年又搬走了。最后是 1959 年，我爸爸在合肥定居了，就把我从蚌埠接回来了，到 1963 年我就到农场去了。

关于乳娘，模模糊糊记得是贾家村的

我不知道我的乳娘是哪一个，我就听我妈讲好像是贾家村的。当年我妈是通过妇联把我送到乳娘家去的，她也不知道是哪个乳娘喂养的我。因为那个时候是保密的。所以我对我乳娘唯一了解的信息就是贾家村，但是这个村名怎么写也不知道。后来他们说不好找，我想找到这个乳娘，不管怎么讲，她养育了我那么长时间，我想我得知道我的乳娘在哪里，能找到多好！我吃乳娘的奶长大，但我到现在还不知道她是哪一个，我还没有给她报恩！在我心里总是个很大的遗憾。

胶东就是生我养我的地方，是我的根，要是没有乳娘肯定也不会有我！我非常非常感谢乳娘。

育儿所的儿歌我都会

育儿所的记忆我有很多。那个院子里有一棵枣树，枣快熟的时候，上面的枣子都掉下来，老师给我们摘枣子吃。在大门那个地方，有葫芦藤。葫芦开花了，到傍晚的时候，葫芦蜂来了，在葫芦花上面吸食里面的蜜。院子里还有木马、秋千，反正玩具挺多的。小孩在一起嘛，有的时候丢手绢啊，有的时候藏猫猫。阿姨也带我们到山上去，有的时候还带我们到海边去赶海。我特别留恋那个地方。

还记得有一次，我听到外头有飞机的响声，老师就喊："赶快躲起来！飞机来了！"我们就赶快躲到大树底下，躲到床底下，能躲的就躲起来了，那个时候一听飞机声就怪害怕的。

虽然时间长了，但我还记得好多儿歌。我唱一首《大红花开满地》，是刚解放时老师教我们唱的：

大红花呀开满地，
小朋友拍手来游戏，

大家排成个小飞机，
一同飞到北京去。
飞呀飞呀飞呀快快飞呀，
咱们的毛主席在那里。
到了北京就下飞机，
一色的红领巾多美丽，
整整齐齐排好队，
见着毛主席要敬礼，
敬礼敬礼敬礼再敬礼呀，
小朋友幸福是您给滴。

那个时候发生了朝鲜战争，还有一首抗美援朝歌曲《英雄的汽车司机员》：

马达嗡嗡响，
车轮哗哗转，
车弓上下颠颠颤，颠颠颤，颠颠颤。
加大油门嗞楞楞楞，嗞楞楞楞，
爬上山咳上山又下山。
……
我的车呀快快地向前，
……
是谁开车到朝鲜？
志愿军汽车司机员，
车行万里要安全，
……

段桂芳儿时照片

争取立功，争取模范，
争取胜利早实现。

摇篮曲我们都会唱：

弟弟疲倦了，
眼睛小，
眼睛小要睡觉，
妈妈坐在摇篮边，把摇篮摇，
我的小宝宝，
安安稳稳快睡觉，
睡呀睡得好，
明天起得早，
花园里面摘个大葡萄。

在育儿所我跟宋玉芳一个班，还有个小男孩叫尹林山

我跟宋玉芳联系多，因为在育儿所我跟她是一个班的。她先被父母接出来了。之后，我们还经常通信。我后来被我妈送到蚌埠去了。她那时也在蚌埠，当时她的父母跟我的父母都在蚌埠工作。

我记得我们在育儿所的时候都挺调皮的。宋玉芳小时候要哭之前，两眼先往上看，然后眼泪就掉下来了。还有一个小男孩也调皮得要命，叫尹林山，现在不晓得他在哪儿了。我们在全国找过他，开始在河北找，没有找到。后来又听说他好像在合肥，我就到这边找人打听，都没查到。

邢秀军：

随着全国的解放，我在1949年才认识了我母亲

邢秀军（1943.3—　），男，乳名秀军，出生于胶东医院，胶东育儿所乳儿。退休前是青岛市某单位干部，现居山东省青岛市。

关 系 人：

邢明（1901—1972），邢秀军父亲，山东潍坊人，1931年加入中国共产党，时任山东人民抗日救国军第三军军法处处长、胶东三军卫生部部长，兼任胶东地区八路军后方医院第一任院长。

于芳（？—1953），邢秀军母亲，山东省烟台市牟平县人，1935年加入中国共产党，曾短暂任职胶东育儿所副指导员（约1944年前后）。

邢莉莉（约1941.4—　），邢秀军姐姐，胶东育儿所乳儿。

受 访 者： 邢秀军

采访时间： 2019年11月6日上午

采访地点： 山东省青岛市

采 访 者： 笔者

照看我们的阿姨，那时都叫大姨，大姨也是乳娘

我叫邢秀军，1943 年春天出生在乳山胶东医院。我母亲和我父亲当时都在胶东医院工作。因为战争年代，他们要行军打仗，野战医院在当时的抗日战争情况下不可能长期固定在一个地方，而且要带着很多伤病员一块儿转移，所以我们就被送到了育儿所。

我母亲是当地的第一个女党员。在我记忆当中，她好像是 1935 年入的党，参加过天福山起义。我父亲早在 1932 年就组织过潍坊暴动和日照暴动，因为他是起义的组织者，被通缉了，然后他就跑到了胶东，在胶东继续从事地下工作。我们家都是搞卫生工作的，我父亲也是在医院工作，他也参加了天福山起义。

我和我的姐姐被送到胶东育儿所后，我的亲人就是育儿所的乳娘。后来到了 1949 年，随着全国解放形势的发展，很多小朋友都被父母领回去了，我在那时候才认识了我的母亲。

在育儿所，我们管照看我们的阿姨叫大姨，大姨实际上就是我们的乳娘，乳娘实际上就是亲娘。因为我们见不到自己的母亲，父母都在前方打仗，唯一照顾我们的就是乳娘。如果没有她们那样真心实意地照看我们，我们那么多孩子，在战争年代物资匮乏的情况下能活着长大，那是很不容易的。在我的记忆当中，大姨还带我们集体吃过打虫药，集体治过沙眼。

我记得在乳山的那条大沙河，沙河边上那个沙滩很大、沙子很细，大

乳山风光　　电影《战争中的母亲——胶东乳娘》资料图

姨还带我们在那里跑、玩、做运动。我们在那个地方踩水，穿着鞋比赛，看谁的鞋能踩过去，而且不湿。我们还抓蝈子、挖地瓜、挖花生。

1949 年春天，我 6 岁的时候离开了那里。

乳娘乳娘，那就是娘

乳山这个名字就不一般，乳山是大地母亲。

我父母都在前线打仗，他们不能做的，乳娘都做到了。乳娘就是娘！我记得吃饭的时候，大姨给我们把碗、筷子都摆好放在那里。晚上睡觉的时候，大姨给我们把被子盖好。夜里，大姨要起来照顾我们，因为小孩肯定要蹬被子，要不盖好被子，那第二天就容易感冒发烧，本身就缺医少药，所以乳娘对我们非常细心。当时都是睡炕，就是一个一个排起来，大家一张大被，一个被窝里睡觉。

我们这么大一个群体，如果没有乳娘她们这么一种大爱，我们很难活下来。吃喝拉撒睡全部是阿姨在照顾，你碰到的任何问题，就是母亲能给你做的所有的事，都是阿姨给我们做。阿姨就是母亲！

乳娘乳娘，那就是娘。

当时不像现在这样安安稳稳，还要行军！在当年行军的过程中，我还是多少有些模糊记忆的。在转移过程中，有一批大孩子在夜行军的时候要跟着走。走累了怎么办呢，就把走累的孩子放在笸箩里，让孩子们轮流在笸箩里休息。

如果没有乳娘的这种大爱，我们很难活下来。这种大爱是已经超越了血缘关系的一种母爱，它既淳朴又无私。

当别人告诉我这是我妈妈的时候，我觉得那么陌生

1949年，当我见到我母亲的时候，我不认识她。当别人告诉我这是我妈妈的时候，我觉得那么陌生。我很吃惊，这是我的妈妈？这怎么会是我的妈妈？我怎么不认识她？

现在的孩子生下来就和母亲在一起，至少能经常见面，哪怕是一个礼拜一次、一个月一次或者半年一次、一年一次。我们是好几年才见一次。我在我母亲身边待了不到半年，我的母爱应该说更多的是那些乳娘给我的。

但是我对我父亲还有印象，因为调皮捣蛋，曾挨过“竹板炒肉”，所以记忆深刻。

当时我跟我姐姐是一块儿被接走的。大姨通知我说：“你的爸爸妈妈要来接你们了！”

我就看到来了一辆大车，当时三匹马拉着，于是我们就上去了。大概在路上走了两三天。因为要在外面过夜，然后就到了莱阳。我在莱阳见到

了我的父母，所以我对莱阳印象也很深。

我离开育儿所以后到了上海，后来又从上海到安徽，在合肥的时候我母亲就去世了。后来我和姐姐、弟弟又重新回到了上海。

在上海，我们进了子弟小学读书。子弟小学是两个礼拜回家一次。到了 1955 年，可能是我父亲调北京的时候，因为我父亲有病，突发鼻血管破裂，大量失血，就叫他到青岛来疗养。我们就又跟着到青岛来了。

到了青岛以后，我上了几年学，高中还没毕业就去当兵。当完兵就上了船跑远洋了。

我有个习惯，生了病发高烧，什么都不吃，就喜欢喝稀饭、吃咸菜。我一直不知道我这个习惯是从哪里养成的。后来再回到胶东育儿所我才明白，我这个习惯是在那里养成的。

我心里总是有个遗憾，我老是想上腾甲庄那条大沙河看一看。那是在我幼儿期间，在那里爬、滚的地方，那是生我养我的地方。

儿时徐永斌（中）
电影《战争中的母亲——胶东乳娘》资料图

徐永斌：

生母、乳娘都不容易，说起来都是英雄

徐永斌（1943.5—2019.9），男，乳名永斌，出生于胶东，胶东育儿所乳儿。生前是北京航空航天大学高级工程师，去世前将他的国家科学技术进步奖二等奖、国防科学技术进步奖一等奖的荣誉证书捐献给了中共乳山市委党史研究中心。

关 系 人：

刘喜孟（音），徐永斌乳娘，山东省乳山市崖子镇西涝口村人。

徐诚之（1921.10—2017.1），徐永斌父亲，山东省招远市人，1939 年加入中国共产党，生前任铁道兵党委常委、政治部主任等职。

于文，徐永斌母亲。

受 访 者： 徐永斌

采访时间： 2019 年 6 月 26 日上午

采访地点： 北京市

采 访 者： 笔者与邓卫华联合采访

年轻时的父亲是抗日军政大学政治教员

我叫徐永斌，1943 年 5 月 9 日生于海阳市的马格庄。我出生在马格庄老百姓家的炕头上。我的父亲当时是山东抗战分校的政治教员，我母亲在胶东军区的经纶厂工作，实际是纺织厂。胶东根据地有兵工厂，有银行，有金矿，有学校，我母亲在经纶厂当会计。

我妈妈是山东掖县人，也就是今天的莱州市。我妈妈在家里是老大，她自己偷偷跑去当了兵。结果我姥姥和姥爷到部队把她拽回来两次。但是第三次我妈妈又跑了，跑出去参加革命，之后就改名了。她原来姓王，叫王勤文（音）。后来她干脆改了名，“王”字去了底下一横再加个钩就变成“于”了。她先是在抗战女兵队当队长，我爸爸当时是政治教员，他们经常在一起讨论教学问题，这样他们就相爱了。

我父亲是山东招远人，1938 年参加了革命。1945 年抗战胜利以后，我父亲他们奉命成立了一个铁道纵队。纵队当时的编制就相当于一个军的编制，我父亲他们当时就是最早的铁道兵。那时我父亲去了东北，后来进了北京，就成立了铁道兵团，由一个纵队变成了一个兵团。再后来我父亲就参加了抗美援朝，任中朝联合前方铁道运输政治部宣传部部长。回国以后，我父亲担任铁道兵团政治部宣传部部长。

1945 年，我父母到东北去，把我留在了胶东育儿所，当时我才两岁。我在胶东育儿所待了 4 年，在此生活、成长。

生母、乳娘都不容易，说起来都是英雄

我被放到胶东育儿所之后，被安排到了崖子镇西涝口村的乳娘家。我乳娘叫刘喜孟。胶东育儿所当时的情况是，不打仗的时候孩子们可以集中起来，打仗有危险的时候都是分散在老百姓家里。老百姓说得很清楚："人在孩子在！你们放到我这里就放心吧！"说孩子的父母为了打鬼子，流血牺牲了，他们的父母流的是血，我们不过是给他们一口奶吃！说得很朴实，我到现在一说起这句话都忍不住要流泪。

对于我们这些孩子，老百姓有个统一的称呼，就是八路军的孩子。我现在去，他们也是同样地叫我八路军的孩子，对我们特别亲热。她们自己的孩子可以不喂奶，八路军的孩子必须喂奶，这是一种什么样的感情？咱们现在为什么倡导要寻根、要铸魂，铸的是什么魂？铸的就是这个魂！就是跟人民的血肉联系！这种血肉联系永远不能忘。

那个时候，很多孩子都是生在乳娘的炕上，妈妈就走了。然后说给留下个名字吧，有的叫"胜利"，有的叫"和平"，就盼望着胜利后有和平的生活，都是寄托着父母的心愿。有的孩子生下来没多久，部队卫生员就给抱走了，然后再转，可能有的转了好几圈。说句老实话，生母不容易，养母、乳娘也不容易，说起来都是英雄！

我记忆当中就知道有条河，我们经常在河里面玩，然后抓小鱼小虾。到春天蝌蚪一出来，整条河都是黑的，河里面的蝌蚪特别多，我对这个有印象。然后就是抓蚂蚱，抓了蚂蚱烧着吃。抓蚂蚱挺有意思的，抓了以后拿着草根一串串地串起来，然后扒拉点儿草就在那里烧。村里的孩子跟我们在一块儿都玩得挺好，非常快乐，无忧无虑。

我的养父家里很穷，他当时是担架队队长，负责支前的运输，送粮、送弹药、送装备，也往家运伤员。我养父原先有个妻子去世了，然后他一

个人带着个孩子，就是我那个哥哥。我哥哥当时十二三岁，就帮我养父背干粮袋。我哥哥叫江玉（音），玉石的“玉”。他原来不是这个名字，后来他改的。我哥哥到 14 岁的时候，看八路军里面有好多都是小兵，他就跑去缠着人家要当兵，就这样他 14 岁当兵走了，担架队就剩我养父一个人了。我就是这个时候到我养父家去的，后来我养父又找了一个老伴儿，这就是我养母刘喜孟（音）。

这样我在养父家就有了爸爸妈妈。爸爸出去，妈妈就在家里照顾我，就这样待了 4 年。我父亲后来一直跟我说，你要记住你的养父母，他们养大了你。

把国家科学技术进步奖的荣誉证书献给胶东乳娘

我退休前搞了一段国防科研，我从事的工作也不允许我到处去跑。我当时在北航，我们做的实验是螺旋桨对于雷达测速的影响。20 世纪 80 年代末 90 年代初我们就开始做了。我们后来做的是反隐身的研究。2015 年纪念抗战胜利 70 周年大会的时候，我一看飞机编队，这里面有我们从事的研究工作，我们从事的就是隐身、反隐身的战机设计这部分。

我后来找到养父家的时候，养父母都已经去世了。好在我跟我养父家的哥哥联系上了。2016 年，我在那里修了两座坟，一个是跟司晓星他们一起修了姜明真妈妈的坟，再一个就是我养父的坟。我第二次去的时候，就把我的国家科学技术进步奖二等奖和国防科学技术进步奖一等奖这两个证书都拿回去了。我说祭拜他们的时候，给他们看一下，告诉他们，我没给他们丢人。

后来胶东育儿所要在田家庄办育儿所的展览，他们要拍照，我说你甭拍照了，拿走吧，把两个证书和证章都给他们了，所以我现在的证书、证

徐永斌的国家科学技术进步奖证书

徐永斌的国防科学技术奖荣誉证书

章都在育儿所。乳山史志办的徐主任和王主任到我家里去，我就都给他们了。他们说：“你不留着了？”我说：“我不留着了，我留着没什么用处，告诉育儿所的所有乳娘，所有大姨、叔叔，他们没白养我！我们这些人，我们这些八路军的孩子，没给他们丢人！”

胶东乳娘养了我，我的根永远在胶东。我的荣誉证书相当于我的一份果实吧，这份果实也属于胶东。我其实就是想安慰已经故去的妈妈们，这些大姨、叔叔，告慰他们的在天之灵。对我们这些八路军的孩子，胶东乳娘是全心全意奉献的，我有什么不能奉献的?!

我始终记得我这条命是他们给的。做什么事情，我首先要考虑的就是要对得起人民，对得起父老乡亲！对得起党！对得起国家！我最看不惯的就是对老百姓耍横。我这个人到现在一直都是这样，有时候我到医院去，或者去其他什么地方，对所有的保洁员、电梯工、护理员，我都会发自内心地对他们说“谢谢”。

每当我受到挫折时，我都会想我是怎么来的，我这条命是怎么来的

每当我受到挫折时，我都会想我是怎么来的，我这条命是怎么来的，所以我什么都舍得。

说句老实话，我生命中最重要的事情是不要给父老乡亲们丢人。胶东就是我的根，胶东育儿所就是我的根，我的很多思想、很多做法都源于那里。

胶东乳娘这个群体，她们的精神是经得起历史检验的！她们总有发光的一天，这是我们共和国的一块基石。

（徐永斌对着镜头，深情地唱起了歌）

什么花开放像太阳，
什么人拥护共产党，
葵花开放像太阳，
老百姓拥护共产党……

姜志强与乳娘许妈妈合影

姜志强：

我不知道我还有另外的爸爸妈妈，直到解放以后

姜志强（1945.12— ）女，乳名群力，胶东育儿所乳儿。退休前是高级工程师，现居山东省烟台市。

关 系 人：

姜晓（1921—1992），姜志强父亲，1938 年参加革命。

王淑莲（1923—？），姜志强母亲，1941 年参加革命。

受 访 者： 姜志强

采访时间： 2020 年 8 月 6 日傍晚

采访地点： 山东省烟台市

采 访 者： 笔者

出生 12 天被送到了乳娘家，一直喊乳娘家人“爹爹妈妈”

我叫姜志强，1945 年 12 月 28 日出生。我父亲 1938 年参加革命，我母亲 1941 年参加革命。我的父亲叫姜晓，母亲叫王淑莲，我的父母老家都是蓬莱的。他们一直在抗日前线，两个人都干革命，不能抚养我，在我出生 12 天就把我送到了乳娘家里。乳娘家当时的情况是刚生下一个小孩就夭折了，所以就把我放到她家抚养。后来我一直叫他们“爹爹妈妈”。

我乳娘的家在蓬莱小门家镇转山高家村，我爹爹姓高，叫高永还；妈妈姓许，我记不清她的名字了。我就在乳娘家里被抚养着，一直到解放。我许妈妈是作为童养媳到高家的，她也受了很多苦，因为解放前医疗条件比较差，她生了几个孩子都夭折了。一直到解放以后医疗条件好了，我乳娘又生了四个儿子，到现在他们都挺好的。

抗战时期，我高爹爹也经常参加担架队，支援前线。我乳娘待我像亲生孩子一样。1949 年春天，蓬莱刮台风，没有东西吃，他们到野外去撸树叶。有一天早上，就把我锁在家里，他们出去了。我醒了以后找不到他们，就从窗子爬出去找他们。结果去撸树叶的那个地方他们不在，然后我到处走，就迷路了。我正好碰见一个老大爷，老大爷问我爹爹叫什么，妈妈叫什么，然后领着我送到村里去了。这个时候我妈妈正在村里发疯似的找我，她看到我后，一把抱住我就大哭起来。从那以后，许妈妈再也没让我一个人留在家里过，不管到哪里去都带着我。

我不知道还有另外的爸爸妈妈

我不知道我还有另外的爸爸妈妈，直到解放以后。因为我爸爸妈妈都在 1940 年前后就参加革命了，当时战乱，我奶奶和大爷举家搬到了东北，解放后，我奶奶才又回到了山东。这个时候我父亲告诉她，在农村里还有一个女儿。我父亲就委托我奶奶回去把我接出来，这样我奶奶就回到了蓬莱，到我乳娘村里去接我。我奶奶来接我的时候，他们都舍不得让我走，我也舍不得离开他们，我就哭着不肯走。后来县委、县政府派人，许妈妈也陪着我一起到了县城，趁我不注意的时候许妈妈就偷偷地离开了。她走后，我哭了好几天，天天哭！我就是舍不得离开她，每当想起许妈妈一家的恩情，我都忍不住掉眼泪。

我的乳娘非常慈祥，她不算很高，是个圆脸。后来她有点儿发福，给人非常亲切的感觉。解放以后，我乳娘还当了接生员，村里头有生孩子的，她就帮忙接生。我记得她曾经带我去看我亲生父母，去了以后，她告诉我“这是你妈妈”，让我喊妈妈，我说：“她不是我妈妈，你才是我的妈妈！”在我心里，一直认为高爹爹和许妈妈才是我的父母。

我是在我奶奶家上的小学，1958 年考入了蓬莱一中。1959 年，我父亲把我和奶奶一起接到了济南，我就到了济南二中上学。1964 年，我考上了山东工学院，也就是山东工业大学机械系，现在叫山东大学。

我上学以后，每次到放假的时候，我高爹爹和许妈妈就把我接过去，上他家去住一阵。我记得 1961 年暑假，我一个人从济南坐上火车到烟台，在车站的旅馆里，在一个十几人的大通铺住了一夜，第二天又坐了 3 小时的汽车到大辛店，然后再步行 10 里路，辗转两天终于到达转山高家村，见到了阔别已久的许妈妈。

我工作以后，高爹爹和许妈妈也经常来。有一次，到我家里住了好

成年后的姜志强与许妈妈合影

长时间。我最大的遗憾是许妈妈过世的时候我在国外，我没有收到消息，没能够见她最后一面。我到烟台以后，许妈妈那几个孩子也经常到我家里来。

我的乳名叫群力，父亲的意思是依靠群众力量夺取抗日战争的胜利

我的乳名叫群力，这是我父亲给我起的名字，意思就是要依靠群众的力量才能获得抗日战争的胜利。上学以后我的学名叫姜志强，父亲希望我有志气，所以叫“志强”，是个男孩子的名字。

我父亲是一个非常正直的人，他不管做什么工作都非常认真，所以他的品质也影响了我，不管做什么事我都踏踏实实。现在我的两个儿女也学业有成，女儿是博士，儿子是硕士，他们都在各自的工作岗位上兢兢业业。

抗战时期，那些在育儿所里的孩子是非常幸运的，他们生活条件好，因为有保育员和乳娘照顾。我没在胶东育儿所待过，我一直在乳娘家成长，我觉得那里就是我的家。许妈妈用乳汁养育了我。我高爹爹和许妈妈勤劳、朴实，他们的这些优良品质也深深地教育和影响了我。

邵志坚：

一位老大娘挺身而出，掩护了我母亲

邵志坚（1943.3— ），男，出生于胶东，胶东育儿所乳儿。退休前是国家干部，现居山东省青岛市。

关 系 人：

邵明照，邵志坚父亲。

鲁文（音），邵志坚母亲。

邵志杰，邵志坚大妹，胶东育儿所乳儿。

邵志宏，邵志坚二妹，胶东育儿所乳儿。

受 访 者：邵志坚

采访时间：2020 年 9 月 7 日下午

采访地点：山东省青岛市

采 访 者：笔者

1943年，我出生在我母亲逃难的路上

我叫邵志坚，老家是文登的，父母都是八路军。1943年3月9日，我出生在烟台牟平。因为当时日本鬼子在“大扫荡”，我母亲怀着我，不能跟着部队行动，只好跟老百姓一起逃难，在逃难的路上生了我。

母亲在逃难的时候被日本鬼子包围了，包围以后，因为我母亲的打扮不像老百姓，日本鬼子就把我母亲押出来了，说她是八路军。当时那几个日本鬼子用刺刀对着我母亲，让我母亲找她的亲属。我母亲是跟老百姓一起逃难的，没有亲属。这时候一个老大娘站出来了，说我母亲是她的儿媳妇，就这样认了我母亲！由于老大娘的挺身而出，我母亲才躲过了这一难，我才得以平安出生。

因为当时我母亲的临危不惧和老大娘的掩护才有了我，所以父母就给我起了名字叫“邵志坚”，希望我能像母亲一样在面对危险的时候临危不惧，坚强斗争。

我出生以后，因为当时战争环境很艰苦，我母亲就把我寄托在乳娘家里。但后来因为乳娘有病去世了，就把我转给其他人代养了。转来转去，后来我们家里人去找我的时候就联系不上了，没人知道我去哪儿了。因为当时我们寄养在老百姓家是要保密的，最后那一段时间就找不着我了。

到我3岁的时候，我母亲的战友到村子里去，看到一个老爷爷带着个小孩，就问他：“这是你孙子吗，大爷？”

老大爷说："不是，这是老八路的孩子，是交给我代养的。"

因为我长得很像我母亲，所以这个战友赶快告诉我母亲，说："我看到一个孩子，年龄也是 3 岁，也说是老八路的孩子，你快去看看是不是你丢的那个。"

我这才被认领回去了，认领回去以后，把我送到了胶东育儿所。从那以后，我就在育儿所过集体生活长大。这期间，我记得我母亲去看过我一次，但是我父亲我一次都没见到。

1951 年下半年，我离开了胶东育儿所，转到了济南。直到那时，我才第一次看到了我的父亲。

老百姓也知道传染病有危险，他们依然收留了我

我爸爸叫邵明照，他是 1937 年 1 月参加八路军的。我妈妈叫鲁文，是 1938 年参军的。

我大妹妹 1945 年出生，二妹妹 1948 年出生，她们两个出生后也都寄养在乳娘家里，长大一点儿后也都被送到了胶东育儿所。

我对育儿所的刘志刚所长印象很深，我们都知道她是老红军。她爱人牺牲了，带着一个儿子在那里。现在想她应该是南方人，个子不高，戴着眼镜，人很和蔼。其他那些老师、保育员，都不太记得了。

育儿所的老师对我们这些孩子都照顾得非常周到，学习有老师，生活有阿姨。所以当时我们是无忧无虑的，在那里学习、成长。就是靠那时候乳娘们精心的照料，我才成长得这么壮实。

在育儿所，我还得过一次传染病。现在估计可能就是麻疹。为了不传染给其他的小朋友，就把我送到了一个老百姓家里隔离。老百姓也知道传染病有危险，他们家还有个小哥哥，但是他们依然收留了我，一直让我在

那里把病养好了，我才又回到育儿所。后来听说当时带我那家的小哥哥也参军了，到了抗美援朝前线，大概第二年就牺牲在朝鲜战场上了。

1947 年国民党重点进攻山东的时候，我们集体转移，向西北方向撤退。在撤退的过程中，我印象里有个位于丘陵地带的小山村，我们这些孩子就被临时分到老百姓家里了。我被分到的那家夫妻俩还有一个比我大几岁的儿子，他们家门前有一棵大柿子树，我印象很深。那时候我才 4 岁多。

乳娘把爱护我们和爱护军队联系在一起

我们这些从育儿所长大的人比较特殊，人家是报答父母养育之恩，我们是报答当地老百姓的养育之恩！因为人民群众纯粹是对我们军队的热爱，把爱护我们和爱护军队联系在一起，保护了我们就等于支持了我们的军队！

我们家从父母那一代开始，家族三代人都参军卫国。我父亲那一辈，我父母、我二叔和我二婶都参加了八路军。我小姑是 1947 年参军的。到了我们这一辈，我和我爱人是当兵的。我大妹妹在医学院毕业以后到医院工作，她找的爱人也是当兵的。我二妹妹志宏两口子也是当兵的，我三妹妹和三妹夫也是当兵的，弟弟和弟媳妇也是当兵的，小妹妹和小妹夫也都是当兵的，所以我们这一辈几乎都当兵了。到了第三辈，我大妹妹的孩子在海军，我二妹妹的孩子在陆军，小妹妹的孩子也在陆军医院工作。我们家族陆陆续续有人参军，为保卫祖国付出自己的一份努力。

所以我们这些人寻亲、寻找乳娘是很自然的情感，说明我们没忘本，没有忘了人民的养育之恩！

邵志杰：

在乳娘家养到3岁时，把我接到胶东育儿所了

邵志杰（1945.2— ），女，出生于胶东，出生后父母行军打仗，被送到老乡家喂养，3岁被接入胶东育儿所生活。现居山东省青岛市。

关 系 人：

邵明照，邵志杰父亲。

鲁文（音），邵志杰母亲。

邵志坚，邵志杰哥哥，胶东育儿所乳儿。

邵志宏，邵志杰二妹，胶东育儿所乳儿。

受 访 者： 邵志杰

采访时间： 2020年9月7日下午

采访地点： 山东省青岛市

采 访 者： 笔者

我叫邵志杰，是1945年抗战结束那一年出生的。父母都是在抗战时期就参加了八路军。因为抗战胜利后紧接着又有战争，父母没有条件带孩子，所以我出生后，父母就把我寄养在当时文登县城的一个老乡家里面。我在老乡家里长到两三岁。

乳娘把我养得挺好的，白白胖胖的。后来3岁的时候，就把我接到胶东育儿所了。

我在育儿所生活了起码有3年。最深刻的印象就是吃饭、睡觉都有保育员阿姨照顾。在战争年代，她们能照顾我们，保护我们生存下来，这就是很大的幸运了。没有她们就没有我们的今天，战争年代我们能存活下来已经相当不容易了！

我的父亲叫邵明照，他1937年参加抗日部队。我母亲叫鲁文，1938年跟我父亲出来以后，也参了军。我母亲开始是在部队当卫生员，战争的时候要上战场上去背伤员。听我母亲说，她第一次加入战斗的时候，特别紧张。卫生队队长说你沉住气，跟着我，当时我母亲就跟着他，抬伤员，往下背伤员。在战争当中冒着炮火，冒着子弹，都豁出去了，也不害怕了，也不紧张了。我听我父亲讲得就比较少，他是高小毕业，一开始在部队上搞宣传，鼓舞士气，编一些快报。

我记得我母亲还讲过有一次跟日军的战斗，撤退的时候过桥，桥被炸了。在这次战斗当中，我母亲找不着我父亲了，她以为我父亲在战斗当中牺牲了，很悲痛。过了几天以后，我父亲被找到了！他是死里逃生回来的。

我了解的也就这些。

周杰民母亲官镜泉，曾任胶东育儿所小学部主任

周杰民：

母亲是小学部的主任兼老师

周杰民（约 1940.1— ），男，出生于胶东，胶东育儿所乳儿。现居上海市。

关 系 人：

周子鸣，周杰民父亲。

官镜泉，周杰民母亲，山东省栖霞县唐山区周家沟村人，1949 年任胶东育儿所小学部主任。

受 访 者： 周杰民

采访时间： 2020 年 8 月 12 日下午

采访地点： 上海市

采 访 者： 笔者

在二楼有个储藏室，专门给小朋友储藏吃的

我 1940 年生，出生以后，一直跟着我祖母在农村生活。我从小没有跟我父亲在一起生活过，所以那时候我对我父母没什么印象。

大概在 1949 年冬天，我母亲被调到胶东育儿所任小学部主任。我去了胶东育儿所，大概是第二天或者第三天的晚上，我就见到了刘志刚所长。刘所长给我的印象是很端庄，有点儿严肃，当时她还戴一顶蓝帽子，穿着列宁装，戴一副眼镜。

这个育儿所当时是在乳山县东边大约两公里的腾甲庄。腾甲庄有一个大院，那个大院里有三个大门。中间大门那边房子很多，一部分是小学部的，一部分是幼儿园的。靠正门进去有单独一个院，那就是他们办公的地方。中间有两层楼，两层楼的一楼中间是个大厅，左面就是刘志刚所长的卧室，右面是个阅览室。二楼是个储藏室，专门给小朋友储藏吃的，里面有饼干、小蛋糕等。

育儿所当时有小学部和幼儿园；总务部是负责生活方面的；还有一个专门给小孩做衣服和鞋的缝纫组，有好几个工人；还有卫生室，那里当时有好几个医生和护士。1949 年到 1950 年小朋友比较多。

五年级就一个学生刘继光，他是刘志刚所长的儿子

1949 年年底，我到育儿所去的时候，小学部大概有三四十个人，到 1951 年他们搬到烈士子弟小学去的时候，还有 20 多个人。当时主要是一个老师，我母亲去了以后担任小学部的主任兼老师。体育课老师是由当时育儿所的一个交通员冷叔叔兼任。幼儿园的黄老师也教我们小学部的音乐、美术。

开始的时候，小学部是在育儿所的西北面建了两间教室，后来有段时间，大概是 1950 年或者 1951 年的时候，小学部搬到了腾甲庄南面另外一个园，那里只有一间教室。从一年级到五年级的小朋友都在那里上课，一个老师教所有课程。上体育课是在小河边的操场上。

小学部我印象最深刻的就是丁老师。她的打扮完全是一个农村妇女的样子，事实上她年纪很小，还没结婚。她穿一条肥大的黑裤子，上面穿的衣服是蓝色的，衣服上还有很大的补丁。

五年级就一个学生刘继光，他是刘志刚所长的儿子。后来他到夏村读小学去了，他在那里读完了六年级。

1955 年，胶东育儿所转成乳山育儿所，小朋友全被领走了。1955 年暑假，我父亲到育儿所把我们接到上海来了。当时我已经在乳山中学上初二了，我大妹妹也上小学了，小妹妹还在育儿所里。

姜菊生：

从小没吃过俺妈的奶，俺舅抱着我全村找奶吃

姜菊生（1944.2— ），女，乳名利利，出生于胶东，胶东育儿所乳儿。退休前是山东青岛海洋化工集团公司总经理兼党委书记。

关 系 人：

姜吉成（1913—1971），姜菊生父亲，生前曾任乳山县委书记。

冯德清，姜菊生母亲。

冯德英（1935.2—2022.1），姜菊生舅舅，著名作家，著有《苦菜花》《迎春花》《山菊花》等。

受 访 者： 姜菊生

采访时间： 2020 年 11 月 5 日上午

采访地点： 山东省青岛市

采 访 者： 笔者

胶东育儿所的老师和阿姨，我觉得比爹娘亲

我叫姜菊生，1944 年阴历正月二十九出生，我就是乳山人。我父母是地方干部，但他们也照顾不了家。我从小没吃过俺妈的奶，是俺舅抱着我全村找奶吃。那个时候姥姥在世，这个家还有人照料。1946 年姥姥去世了，这个家就没人照料了。

我还有个弟弟，他是个聋哑人，比我小 3 岁。我们两个陆续到了胶东育儿所。

我上育儿所时年龄比较大了，上大班。后来就上胶东育儿所的保育小学、牟平烈士子弟小学，又转到文登烈士子女小学。1955 年，我从育儿所回到父母家。

我父母是地方干部，没有离开过乳山县。我父亲是县委书记，后来调到济南，我就随着到了济南。1963 年，我从济南考大学考到青岛，毕业以后就分到青岛海洋化工厂工作到退休。

俺妈虽然在地方工作，但是她捞不着回家，她没带过我。姥姥带着我，俺舅告诉我，他抱着我满村地找谁家有奶要一口吃，我是这么长起来的。

俺舅 14 岁当兵走了，我那时候就不吃奶了，上乳山育儿所了。

育儿所里，刘所长、宋指导员、丁老师我都有印象，还有一位曲大姨，她受伤了还坚持工作，这点我印象比较深。我感激胶东育儿所对我的

培养和熏陶。

我觉得胶东育儿所对我的影响很大。胶东育儿所的老师和阿姨，我觉得比爹娘亲。我们不大接触爹娘，我 6 岁才认识我的父母，所以对老师和阿姨的感情胜于父母。

杨德殊：

我出生前一个月，我父亲就在抗日战场上牺牲了

杨德殊（1942.10— ），男，出生于胶东，胶东育儿所乳儿。现居山东省烟台市。

受 访 者： 杨德殊

采访时间： 2020 年 8 月 6 日下午、8 月 7 日上午

采访地点： 山东省烟台市

采 访 者： 笔者

我出生前一个月，我父亲就在抗日战场上牺牲了

我叫杨德姝，1942 年 10 月 21 日出生。我上面还有一个哥哥，他比我大 4 岁。我的老家是乳山东凤凰崖村，我爷爷、我父母都是地下党员。我爷爷 1935 年入党，父母 1938 年入党。在我出生前一个月，我父亲就在抗日战场上牺牲了，所以我从来没有见过我父亲。

我是怎么长大的呢？有两个乳娘抚养过我，第一个叫张常英（音），在她家的时间长一点儿；第二个叫张月娥（音），是孙家沟村的，她当时是妇女主任，才 18 岁，就养活我。我那时两岁了，没吃过她们的奶。我到第二个乳娘家里的时候都会讲话了，也懂事了，在她家待了一个多月。1948 年春天，我从她家转到了胶东育儿所。

1955 年夏天，我考上了烟台二中。这年 11 月，我才第一次见到了我母亲。

我蒙蒙眬眬在被窝睡觉，日本鬼子来了，她拿被子一包一卷就往山上跑

我在第二个乳娘家的时候，有一天晚上，日本鬼子来了，我正在被窝睡觉，乳娘马上把我叫起来，抱着我的肩膀就给我提溜起来了，拿被子一包一卷就往山上跑。我记得很清楚，到了山上以后，那天晚上还有月亮，

朦朦胧胧好像能看见人的脸。等了一个多小时，没动静了，乳娘才说没事儿了，回去吧。

在育儿所的时候，村东边是一条河，我经常去玩。我对这条河的印象很深刻，河水挺清的，有蝌蚪、小鱼，当时什么都有。我们那时候都要刷牙、洗脸，一人一个脸盆、一个小茶杯，都是陶瓷的。

在育儿所我最熟悉的有刘继光，他是刘志刚所长的儿子。刘继光在我们这些小孩里面是个头儿，他年龄大，教我们演剧、唱歌。他自己会编剧，我就是跑龙套的。还有一个叫敬芝的，他现在好像在美国。还有东海，但最熟悉的还是刘继光。

我们经常唱歌：

太阳太阳出来了，
我给太阳微微笑，
笑我年纪小哟小，
笑我志气高哟高，
笑我身体好哟好，
笑我学习呱呱叫，
笑我学习呱呱叫。

金建文：

我刚满月，我妈就要启程去东北，就把我托付给乳娘了

金建文（1946.2—　），男，出生于山东省荣成市，胶东育儿所乳儿。现居上海市。

受 访 者： 金建文
采访时间： 2020 年 8 月 12 日下午
采访地点： 上海市
采 访 者： 笔者

1953 年冬天，我妈妈到育儿所去看过我一次

我 1946 年 2 月 9 日出生，我可能出生在山东荣成。我爸爸妈妈在 20 世纪 40 年代初的时候就参加了革命，我爸爸 1941 年入党，我妈妈 1944 年入党。他们当时是在山东做战时邮政工作，我爸爸担任培训部主任。

我出生以后，党需要一批干部上东北。1946 年年初，我爸爸妈妈要上东北，我当时刚出生一个多月。我妈妈说，他们必须马上走，她不能抱着我上东北，就把我托付给当地的党组织了。我妈妈说，他们走得很匆忙，具体托付给哪位乳娘了，她也不知道。

我妈妈跟我说，当时他们去东北全部化了装，我爸爸戴个礼帽，装成做买卖的，坐船到大连一起走过去的。他们一开始到的是沈阳，当时东北邮政管理局是在沈阳。后来打仗，我爸爸妈妈就到哈尔滨了。大概 1950 年的时候，爸爸妈妈从哈尔滨来到长春，因为这里成立了一所长春邮电学校，是邮电部所属的，我爸爸调到那里去当副校长。

我记得是 1953 年冬天，我妈妈到育儿所去看过我一次，当时挺冷的。我记得是在一个没有电灯的房间，阿姨说这是你妈妈。我特别小，没有概念，不知道妈妈是怎么回事，后来我妈妈就回东北了。

在育儿所，我记得我六七岁时，很多孩子都被接走了。每天都听说这个孩子上哪儿去了，那个孩子上哪儿去了，我们其实也没有概念。但是我记得晚上吃完饭，大家就围着那个所长问：“我们家在什么地方？”“我爸

爸妈妈在什么地方？”那个所长很厉害，她什么都知道，她就说我的爸爸妈妈在东北，我那时候也不知道什么叫东北啊！

1954 年 8 月，阿姨说：“你家里人来接你了，走吧！”这个人是谁我也不认识，说是我的表哥，我姨的孩子。他比我们大嘛，他就带我走，把我送到了长春。当时我记得好像先在石岛坐小船到烟台，在烟台住了两宿，又从烟台坐大船到了大连，再坐火车到长春，就是这么个过程。

我到了东北以后，我妈妈说你们这个育儿所的条件太好了，给我带着春夏秋冬的衣服，好大一包，冬天的大棉衣、大棉帽子、毛衣毛裤都有，夏天的衣服也一大堆。

我后来就在长春生活了。虽然我在山东乳山育儿所念了一年小学，但是我上东北的时候，什么手续都没带。长春这边 9 月份开学，我因为没有手续，所以就没上学。学校的老师建议从一年级开始念，于是我 8 岁就从一年级开始念，一直到 1966 年，我变成知青了。

我记得有个小朋友叫尹林山，现在找不着他了

我记得育儿所是一个很大的庄园，我们玩的时候有一个很大的空间，有二层楼。那时候的阿姨我现在几乎没什么印象，就对一个所长印象挺深的。因为每天晚上我们吃完饭，所长就会告诉我们谁家在什么地方，我们的爸妈在什么地方，她都知道。还有一位很瘦的男老师我的印象挺深的，我们当时演出，比如我们演一只大苍蝇或者演一只大蚊子，他做的那个道具像真的一样！我们那时候也到县里面去参加演出，但是具体的演出我一个也记不住了。

我倒是记得有个男生叫尹林山（音），现在想找他找不着了。这个男孩子可厉害了，我对他印象特别深，他会倒立、会“打仗”，一般男孩子

都打不过他。

我工作了以后，我就想怎么找我成长过的地方呢？退休以后我就从网上查，山东《大众日报》有一篇文章写过这么一件事情，写到乳山有个育儿所，我看到后就坐飞机先到青岛，再坐车到乳山去找。我到那儿一看，和我小的时候完全不一样。我小的时候是一个很大的院子，里面的房子多得不得了，现在都没有了，就剩一堵墙。后来又有一个阿姨姓姜，当时是托儿所的阿姨，我上她家去看了一次。我还上档案馆查了很多照片和材料，有一张是我妈妈在我刚刚一个月的时候，在照相馆抱着我照的照片，照完照片后妈妈就把我托付给育儿所上东北去了。

第二篇

水乳交融，

胶东乳娘护佑乳儿戍守后方

陈淑明：

我为八路军养了两个孩子

陈淑明（1925.10—2024.7），女，山东省乳山市崖子镇申家村人，胶东育儿所乳娘。

关 系 人：

国军，男，胶东育儿所乳儿，生平不详。

宫雪梅，女，胶东育儿所乳儿，出生年月不详。

受 访 者： 陈淑明

采访时间： 2019 年 9 月 20 日下午

采访地点： 山东省乳山市

采 访 者： 笔者

把我大闺女的奶断了，又抬长的美妮

我给八路军养了两个孩子。抬长（抚养）头一个，那阵危险，有些害怕。等到抬长第二个，都太平了，就不害怕了。

我先抬长的国军，后来又抬长的雪梅。国军现在差不多有七十来岁了。雪梅是北京的，她妈来我家里生的这个孩子。雪梅满月后，她妈又走了。再往后这三年，她妈就没看见孩子长什么样，都是我给抬长着。

我那阵也害怕啊，害怕孩子得病，害怕孩子有个三长两短。以前也没有这么好的医疗条件，缺医少药，孩子生病了，去找找人家给个偏方，给孩子治治。只要孩子一得点儿病，我就抱着孩子哭，既担心又害怕，可怜孩子。

国军他妈把国军抱给我的时候是拿被子包着的，那时国军才刚刚满月，他妈马上得上前线。那个时候我的孩子刚刚过生日，一过生日就把他的奶断了，开始抬长国军。等到抬长小美妮（雪梅）时，又断了我大闺女的奶。想着人家找了，你能说不给人家养活？我这人好说话，寻思自己的孩子断奶了，给人家抬长。

国家正用人的时候，生了个孩子叫国用

抬长个孩子很不容易。等到后来，雪梅她妈和她爸又调动工作到了北

笔者与陈淑明（左）合影（2021 年 5 月）

京，他们又捎信给我，让我去北京玩，把我欢喜的，领着我上天安门那块儿去逛了。雪梅她妈去世后，雪梅也来看我，她告诉我："我妈临死前告诉我，让我登门来看你。"雪梅妈妈跟她说可别忘了你乳娘，雪梅跟我也（亲）近。

雪梅叫我乳娘，不叫大姨，她现在也快 70 岁了。我想雪梅，雪梅也想我。我 90 岁那年，她来开会，还专门抽时间来看我。

我大儿子叫国用，国家打仗正用人的时候，所以起了个名叫国用。我这个二儿子起了个名叫国通，意思是国家都通了。抬长小国军那阵儿还备战，说是人家一吹号就得跑，因为鬼子来了。听着外边每次一打锣，每次一吹号，抬上东西就跑。

我给人家抬长了两个孩子，再加上我自个儿的，一共抬长了九个孩子。我抬长国军那会儿，没有好东西吃，芋头都给国军吃了。那阵在锅底下烧芋头，我把皮给俺孩子吃，把瓤给国军吃。一些老人说，慢待父亲就会失去父亲，慢待儿女就会失去儿女。俺慢待俺自己这些孩子了。我那个二儿子馋啊，就说："小弟啊，你吃瓤，我吃皮。"那阵还有我婆婆帮着我抬长孩子。我把俺的孩子慢待了。我这个小儿子五十来岁时打农药不小心中毒死了，今年才过头周年，我是个苦命人。（哭）

那年国军回来看我。当时我在家里长了蛇瘮疮，很疼，人家都去开会，我没能去开。他看见我长蛇瘮疮，也掉泪。（哽咽）

国军说："我妈老告诉我，千万别忘了你。"他边说边抹眼泪。

年轻时经历了"跑鬼子"

我抬长第一个孩子的时候，那阵都说备战，还很慌乱。都打扮（**收拾**）好了，外边一吹号，马上抬上东西都往北山跑。那些老人都传说，要是赶上慌乱，别往马石山上跑，就往北山跑。说北山是个宝山，马石山是个血山。北山陡，鬼子都不敢往上走，俺们就都往北山上跑。

俺妈跟俺爹都是老党员，因汉奸告密，晚上都跑到山里去睡，不敢在家睡觉。"跑鬼子"（**在抗战时期，老百姓为躲避日本侵略者的烧杀抢掠而进行的一种躲避行为**）那年我才 16 岁。鬼子从东山上来了，俺先往西山上跑，弯着腰跑，我就没受伤。在我身后，那个枪就哒哒响，把我的脸颊蹭掉了块皮。我们都在洞里，这边有个洞口，那边也有洞口。鬼子放了一些柴火在那个洞口上，把里面那一家烧死了八口。俺那时掏的洞，顶上是泥。鬼子也在这个洞口放火烧，把俺们叫出来站队。俺们都出来站队，我寻思站在一起，（鬼子）想套上机枪去扫射我们？结果他们挨个把我们口袋翻了翻，什么都没有，就把我们撂（放）了。

我可跟着遭罪了。那几天，满山的火，这儿一堆儿，那儿一堆儿，没多远一堆儿。鬼子都以为明火那儿有人，他们点上火，上一边去等着。八路军再晚来一会儿，这帮人就都死了；（幸）亏八路军来得早，这帮人没死。

过了一年，我 17 岁的时候家人就把我打发出门（出嫁）了。以前老人说了算，年轻人自个儿说了不算。后来一年我生了孩子，我老头接着就去当兵了。那时候是正月大参军，6 月又一批大参军。俺老头是正月去当的兵，那时候我们还戴着花送上哨。我老头当兵以后，他也去打莱阳城了，后来生病就回来了。

（采访陈淑明时，笔者曾试图联系雪梅未果，据说当时雪梅有段时间在国外生活。）

王葵敏：

因为想念，自己的孩子也取名叫政文

王葵敏（约 1927.7—2023.7），山东省乳山市崖子镇姜家村人，胶东育儿所乳娘，哺育乳儿政文。

关系人：

政文，男，胶东育儿所乳儿，生平不详。

受 访 者： 王葵敏
采访时间： 2019 年 9 月 20 日上午
采访地点： 山东省乳山市
采 访 者： 笔者

政文初来时，我担心养不活

我今年 92 岁了，我记得政文。

（缓慢地）我还记得他，但我不记得他的模样。这个孩子哪一年出生的我也记不得了，他好像是 3 月份生人。

笔者与全国妇联妇女研究所范红霞同志（左）看望乳娘王葵敏（中）（2021 年 5 月）

政文他妈生下他五十来天就把他放下走了。放下后一开始没在我家里，在另外一个人的家里，不久那个人家可能有啥情况了，后来六七月就给我抱来了。抱来我家后，我发现这个孩子头上老有一股味，估摸着有病。

养不活咋办？那阵医疗条件不行，也没有医生，人家都说我自己别给抬长死了。我又抱着孩子去给他治病。先上医院给孩子看了看，医生看了后说，这个孩子得吃药，开了药回家以后，孩子不能睡觉，一睡觉这么一哆嗦就醒了。我就抱着他睡。他一哆嗦我就哄哄他，后来就睡得挺好。再给医生看的时候医生说好了。从此以后，这个孩子就给抬长好了。得耐着烦抬长孩子，孩子好了以后，慢慢地就和小老虎一样活泼了。快过生日的时候，他还不会走，扶着窗台，扶着桌子，慢慢能站起来了。

离开后再也没见过

那个时候，政文的妈妈看着跟我差不多年龄，都20岁左右。她把孩子交给我后，再也没来看过孩子，我想着她可能南下了。孩子的爸爸我也没看见（过），他也南下了。

后来是政文他姥姥来把他接回去了。我上他姥姥家去过，当时是领着孩子去过生日，还在那里住了半个来月。

政文的姨上过朝鲜，参加过抗美援朝。他姨回国后时间不长，就和他们家一起搬出去了。从此，我再也没见到过他。

因为想念，自己的孩子也取名叫政文

后来我自己的孩子也起名叫“政文”。我爹那阵说，咱们的孩子贵气，

笔者与《战争中的母亲——胶东乳娘》项目联合发起人邓卫华同志（右）看望乳娘王葵敏（中）（2022 年 9 月）

2020 年中秋节前夕，笔者带研究生团队看望乳娘王葵敏

头一个丢了，这第二个又生了一个闺女，第三个就生了我儿子。他爷爷给我儿子起了个名字叫政文，就觉得和那个政文一样。

当时我们这个村里有好几个乳娘，都不在了。那阵“扫荡”完了，还不安全，而且那阵穷，生活条件也不好。说起鬼子“扫荡”，日本鬼子太可恶了，拿那个刺刀，咿呀咿呀的。那阵国家不安全，现在国家多好，生活条件多好啊，国家也安全。

我养孩子不少，以前不好养，现在就剩三个了，两个闺女、一个小子。

郑翠凤：

那个孩子一出生就送到我家来了

郑翠凤（约 1924—2020.1），山东省乳山市育黎镇汪水村人，胶东育儿所乳娘，哺育乳儿于国军。

关 系 人

于国军，男，胶东育儿所乳儿，生平不详。

受 访 者： 郑翠凤

采访时间： 2019 年 9 月 19 日下午

采访地点： 山东省乳山市

采 访 者： 笔者

那个孩子一出生就送到我家来了

我 92 岁了，现在不能正当（正常）坐着了。

我记得我为八路军养过的孩子叫于国军。那个年代，他妈妈在外面没法儿带孩子。于是那个孩子一落地，他妈妈就找人家带他。一开始在那一家奶了 3 天，因为那个乳娘的奶不行，又领着来找的我。

乳娘郑翠凤（2019 年 9 月）

当时是街上的干部来找的我，那个时候都知道我有奶，就来找我商议，我说“好”，就接过来奶他。他刚抱来的时候是很软很软的。我就凑合着给他吃奶，去买个芋头喂喂，那会儿也没有点心什么的，没什么吃的，不像现在什么都有。

我养了他 3 年。后来他什么都会说，奶奶、爸爸、妈妈，都会叫。大一点儿了他就满地跑，邻居上山他就跟着人家去了，“爷爷，爷爷”地喊着，嘴很甜。

后来，我把这个孩子养到 3 岁多之后，他奶奶来把他抱走了。他爸爸妈妈顾不上，他奶奶家不远。当时我也舍不得，家里人都哭。别说是我家的人哭，邻居都哭，舍不得他走。那个孩子长得也挺可爱的。

他走了后，转过年来，7 月我就生了这个闺女

我抬长国军那阵，还有我婆婆。我婆婆做饭，国军一天到晚不离我的身。家里有我婆婆替着我，就没觉得怎么累。那个孩子我养得挺胖的，小腿跑得特别快。每次去赶集我都买个火烧给他，他就抱着啃。

他奶奶来把他接走了以后，转过年来，7 月我就生了俺这个闺女。

张秀芬：

我奶的那个小孩，是个小女孩，抱来一点儿大

张秀芬（约 1927—2021.12），山东省乳山市育黎镇上宋格庄村人，胶东育儿所乳娘，哺育乳儿一人，乳儿生平不详。

受 访 者： 张秀芬
采访时间： 2019 年 9 月 21 日下午
采访地点： 山东威海
采 访 者： 笔者

（采访张秀芬时，她记忆有些混淆，听力几近丧失，全靠她 70 多岁的女儿在旁边做各种提示。但老人家精神头非常好，声音也洪亮，她还给我唱了当年打鬼子的歌。告别时，她拉着我的手说："没想到还能认识你这个新朋友，下次见面我们就是老朋友了！"）

笔者：奶奶好！我们来看看您。

张秀芬女儿：你奶（哺育）的那个小孩，那阵谁送给你的，你说给人家听听。

张秀芬：我奶的那个小孩，不大，是个小女孩，抱来才一点儿大。

我这个耳朵不行。

那个小孩当时几个月大我也不知道，记不得了。当时我有奶，她妈妈就把她交给我了，我就抱在怀里给她奶吃。

笔者与乳娘张秀芬（右）合影（2019年9月）

你看我这个样子啊，可就是奶好！人家交给咱了，咱就得好好给人家喂养，就是这么个道理。

战争那会儿，就可怜孩子。我奶水好，就给人家孩子吃奶，好好给人家养着。

别的记不住了。

没想到还能认识你这个新朋友，下次见面我们就是老朋友了！

李青芝：

临终还惦记着啥时候能见恒心、恒力

李青芝，山东省乳山市冯家镇高家台村人，胶东育儿所乳娘，哺育乳儿梁恒心、梁恒力两人。

受 访 者： 高京本（1927— ）李青芝的女儿。
于莲芝（1932— ）李青芝的儿媳妇。

采访时间： 2020年8月8日下午

采访地点： 山东省乳山市

采 访 者： 笔者

（乳娘李青芝哺育恒心、恒力时，高京本已经是十三四岁的大孩子，经常协助母亲照顾恒心和恒力。）

李青芝是我妈妈，加上恒心和恒力，我妈妈一共喂养了八个孩子

高京本：我叫高京本，93 岁，李青芝是我妈妈。我妈妈自己养了六个孩子，兄弟俩、姊妹四个，再加上恒心和恒力，一共喂养了八个孩子。

喂养恒心和恒力这两个孩子真不容易，我妈把我弟弟的奶戒了，给恒心吃。恒心生下来就抱着给我妈去喂。那时候我 13 岁，正是看孩子的时候。在风凉的时候，我弄个小被，我妈妈奶好了恒心就给我看着。我真喜欢她，比我自己的姊妹都亲。

当时恒力是另一个乳娘在这儿看着，叫什么我没记住。

那时候，我弟弟断奶了，我妈就又喂恒力。她弄饭我就看着，在天气暖和的时候我妈弄个小被铺在门口暖和的地方，叫我在那儿坐着看孩子。我那时候一直帮着我妈看孩子，看到几岁我都忘了，我兄弟媳妇可能知道。

于莲芝：我叫于莲芝，88 岁。在旁边坐的是我的大姑姐、婆婆的三闺女。

我大姑姐脑子有些糊涂，我婆婆有些事都告诉我了。我娘家妈也是这个村的。我婆婆叫李青芝，1940 年部队驻在我们村的时候，我的公公是个地下党。那时候我是小孩，差不多 10 岁，我当时比恒心大 9 岁，记得不太清，但后来有些事情老妈老爹都给我说过。

笔者采访乳娘李青芝的女儿高京本（右）、儿媳于莲芝（左）（2020 年 8 月）

恒心、恒力她俩生日差了一岁，恒力比恒心晚一年出生。恒力出生的时候我家老头也快 10 岁了，当时地下党隐藏在我们村里。我家老头叫高京堂。当时我大姑姐和我家老头都抱过恒心、恒力，他也觉得跟自己的亲姊妹一样。恒力出生的时候我还见过，是在俺们村南边那个大房子里出生的。

我记得 1943 年和 1944 年都有日本鬼子“扫荡”，我们这边有个石棚洞能容纳七个人。每次“扫荡”的时候，我婆婆抱着恒心、恒力，俺大姑姐、俺老头就在身边守着。

恒心、恒力我们都抱着，趴着躲过去了

高京本：那时候听说日本鬼子来了，村里人都跑了，有跑到东海去的。我们跑到大山沟里的一个石棚洞里趴着。我们七个人在那里头，恒心、恒力我们都抱着，趴着躲过去了。那个时候日本鬼子从石棚上走，俺们抱着孩子快吓死了。

你想想，抱着两个孩子，我弟弟还小，他那时候才四五岁。那时候部队在咱村住的年数很多，可能住了十来年。医院也在咱这个村。那几年跑日本鬼子，一来穷没有吃的，二来社会也不稳定，可遭难了，不像现在是好时候，国家好了。

笔者带领采访团队与乳娘李青芝的女儿高京本（左四）合影（2020 年 8 月）

俺妈对恒心、恒力好，自己的孩子她却没当回事。那个时候，她整天就抱着恒心、恒力。俺妈妈说恒心、恒力是国家的孩子，人家父母在前线为国家打仗，特别是我爹是个老党员，知道国家大事是怎么回事，俺们全家都拿恒心和恒力当宝贝一样。

俺妈妈抬长孩子，对国家的孩子最担心、最操心了。吃饭的时候，好的都给恒心、恒力了，自己的孩子捞不着吃。

于莲芝：再后来等日本鬼子走了之后，恒心、恒力这两个孩子我们再也没见过。我婆婆有时候也哭，想那两个孩子。在我婆婆眼里，恒心、恒力比自己孩子都亲！直到死的那天，她一天到晚念叨，什么时候能见恒心，什么时候能见恒力。

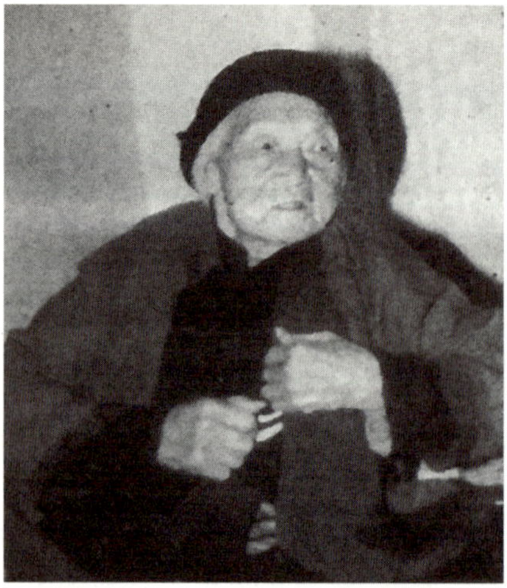

姜明真：

给八路军抚养了四个孩子

姜明真（1916.3—2006.5），山东省乳山市崖子镇东凤凰崖村人，胶东育儿所乳娘，哺育乳儿司晓星（福星）、福生共四人。

关 系 人：

司晓星（福星），胶东育儿所乳儿。

受 访 者： 杨德亭（1957— ），乳娘姜明真之子，山东省乳山市崖子镇东凤凰崖村人。

采访时间： 2020 年 9 月 21 日上午

采访地点： 山东省乳山市

采 访 者： 笔者

给八路军养的头一个孩子叫福星

我叫杨德亭，是1957年生人，我的父亲叫杨志山（音），我的母亲叫姜明真。我是我母亲最小的孩子，她40岁生的我。

我的母亲给八路军养了四个小孩。我的父亲1938年还是1939年就参军打日本鬼子了。大概1940年，当时抗大在掖县，我父亲不识字，就在抗大做饭。后来他在部队一直待到1943年，因为得病回了家。

我父亲弟兄三个都参加了革命，我二爹是个烈士，我三爹在外边打鬼子多年，是个小军官。我的家庭是革命家庭，我母亲也是革命的母亲。

1941年胶东育儿所成立后，我母亲给八路军养的头一个孩子叫福星，当初育儿所是在这个村，后来搬到了田家村。

田家村有个原名叫杨魁智（音）的，那个时期他在田家村是个保密的八路军联络员。他还有个名字叫杨新田（音），杨新田把福星抱回家了，他的家属当时是妇救会会长，就是现在的妇女主任。这样由妇女主任抱来送给我的母亲，让我母亲姜明真养育福星。

当时福星生下来才几个月，我母亲说她把福星养到了5岁。我母亲说福星她爹叫司绍基，是个军官。那时候司绍基有辆吉普车。她还见过司绍基有一次骑着一匹大马路过村里。我母亲说，这是八路军的孩子，咱不能给养瘦了，给人家养瘦了咱自己这个脸上也说不过去。

我母亲还养了一个八路军的女同志叫刘全滋，当时她怀孕了，不能随军走。她在我家生了个小男孩，叫福生。我母亲伺候她满月后，她随军走了，把这个孩子也撂下了，我母亲就一直给养着。这个福生养到几岁我不清楚。

后面我母亲还给八路军养了两个孩子，我不知道名字，但是我知道我母亲一共给八路军养了四个孩子。

一个意外电话，串起了跨越半个多世纪的寻亲路

2015 年阴历八月初十，我在南山打板栗，接到了一个电话，是个女的打来的。后来知道是福星的闺女田宇。我问她是谁，电话那边喊“老奶奶”，她问我母亲是不是军嫂，我说我母亲是军嫂，因为我父亲参加革命了，我母亲是军嫂。

晚上 9 点，她又打电话来了。

她问：“叔，我想问问您父亲叫什么名字？”

我说：“我父亲叫杨志山。”

她会说普通话，我不会说普通话，正好我儿子在家里。

她说：“叔，我听着您旁边有个人，他会说普通话吗？我来跟他说。”

我就把手机给了我儿子。当时大约晚上 9 点，他们两个人一下聊到 9 点半才挂了电话。挂机后我儿子说：“爸，她说她是司绍基的后人。”

我说：“你胡诌八扯，你奶奶在世的时候，哪里查找都没找上，这么些年咱一直没走动，那个福星跟着她爸早上军营了。”

我儿子说：“爸，她说她是司绍基闺女的闺女。”

我儿子一说完，我觉得挺惊奇的。我觉着我母亲活了那么些年，咱找人家，找不着；也有来找我母亲的，但都不是福星，就一直没有走动。

第二天晚上，我就又给她打回去。

我说：“我昨晚听我儿子说，你是司绍基闺女的闺女？”

她说：“我是司绍基闺女的闺女，我是司绍基的外孙女。”

我说：“那么巧合！当时我母亲告诉我，她给八路军养了个孩子叫福星，养到5岁，福星的父亲叫司绍基，当时是军官。”

她说：“我母亲小时候就叫福星。”

福星的女儿叫田宇，她们通过民政厅查，又查到我们村的书记，查到我的手机，打电话跟我核实。

2000年的时候，我母亲登过报，是《威海晚报》。当时是威海妇联通过村里大队书记杨晓光的安排，来看望过我的母亲。

田宇跟我说，她根据我母亲登报的信息来查，一直在查是不是我母亲养的她妈，但就是名字对不上。她说她姥爷和姥娘告诉她是杨新田抚养的她妈，因为司晓星的爸爸妈妈只知道当时福星是被杨新田抱走的，所以他

姜明真墓碑

电影《战争中的母亲——胶东乳娘》资料图

们后来一直在找杨新田。但是杨新田这个人根本没在家，他也是八路军的一个军官，后来就没在俺们这里，好像去东北沈阳还是长春了。我一辈子从来也没看见过这个人，光听说过，这个人和俺爹的年龄差不多。所以田宇就问我父亲叫什么名，我说我父亲叫杨志山。

我的母亲去世的时候是 90 岁。她活着的时候，也想念这些孩子。有一天傍晚，村里的老书记领来了一个男的和一个女的，来找我母亲。他们说有可能是我母亲养活过他们，后来查了查名字不对。我母亲就说不是，我不能去冒充，那不是我抬长的孩子，我不能随便认人家。

为了保全晓星，牺牲了亲生儿子

我母亲说过，那个时候有好吃的东西，都是先给福星和福生吃，把自个儿的孩子扔在一旁，得先把八路军的孩子给保护好。因为这些孩子的爸爸妈妈都上前线打鬼子了，咱在后方，咱一定要把八路军的后代养活好。他们父母流的是血，咱就是给他吃口奶。

我听我母亲说，日本鬼子“扫荡”的时候，我家附近有两个山洞，当时飞机在空中飞，我母亲抱着司晓星，她抱着晓星就不哭了。但是我哥哥没人抱，他在洞里面又哭又闹，一直哭。我母亲就捂着他的嘴，不让他哭，怕他一哭弄出动静来。我那个哥哥受到惊吓，又加上哭闹，回家以后就死了。

八路军的孩子，我母亲给养大了四个，一个个毫无损伤，但是我哥哥死了，我母亲也是冒着生命危险在保护这些八路军的孩子。

我和司晓星不是一个母亲生的，但是一个母亲养的，我们是一奶同胞

现在我和司晓星的关系，就是亲兄弟姊妹的关系。我们非常亲近，都是以亲兄弟姊妹相称。她喊我弟弟，我叫她姐姐。虽然我们不是一个母亲生的，但是一个母亲养的，我们是一奶同胞。

我母亲把司晓星养到了5岁，那真是就和自己的孩子一样，甚至比自己的孩子还要亲。

去年我和家人开车去看望司晓星。她动了个小手术，我不放心去看看她，俺从心底里认为她就是俺的亲姐姐。

晓星是大夫，她退休后在家开了个诊所。她跟她那些病人说：“俺娘家人来看我了，俺娘家兄弟来看我了。”我们去看她，她打心底里高兴。4月4日她又来了，来给老妈妈上坟。她很遗憾地说，活着没看见我的妈妈，对不起老妈妈，没给老妈妈尽一点儿孝，她一说起来就哭。

我的母亲活着那阵，李丽惠（利会）来看望过她好几次。李丽惠是来查找她的乳娘，俺母亲一开始还以为她养的那几个孩子来了，结果一对证，不是。因为在战争的环境下，那个时候都保密，她们也都不好找。我母亲活着的时候，来查找的不少，但是最后一个都没有找到。晓星来找到我们的时候，我母亲已经去世了。

矫曰志：

给八路军奶的第一个孩子叫生儿

矫曰志（约 1917—2003），山东省乳山市崖子镇田家村人，胶东育儿所乳娘，哺育乳儿生儿、东明两人。

受 访 者： 田瑞荣（1942— ），乳娘矫曰志之子，山东省乳山市崖子镇人。
采访时间： 2019 年 9 月 21 日下午
采访地点： 山东省乳山市
采 访 者： 笔者

1942 年开始给八路军养了两个孩子

我叫田瑞荣，1942 年打日本鬼子的时候出生。

我的母亲叫矫曰志，从 1942 年开始给八路军养了两个孩子。我母亲生下我以后，刚下来奶水，地下党员就把一个孩子抱给我母亲，叫我母亲奶那个孩子。那个孩子叫生儿，是个女孩，比我大 6 个月。我母亲给奶了 8 个月后，就被抱走了。

1943 年，我的母亲又生了个弟弟。我弟弟死了以后，又奶了个孩子叫东明。

我母亲直接伸出胳膊给生儿输血

我母亲奶的第一个八路军孩子生儿被抱来以后，看着脸很黄，夜夜哭。后来说是因为缺血。

当时育儿所的工作人员问我母亲：“大嫂，你能不能给孩子输点儿血？这个孩子快不行了啊！她爸她妈为了咱打日本鬼子去了，为咱保家乡。”我母亲说咱这么点儿事可不能不管，就直接伸出胳膊给孩子输血。输到第四次的时候，我母亲回家都发昏，那时候条件非常差。

我母亲 86 岁时去世了。临死时还想着生儿，想着能不能见见面。我说那孩子她爸和她妈为咱们打日本鬼子，还不知道牺牲没牺牲，反正后来就没消息了。

我母亲格外想念她输血救治的那个孩子，却一直没有线索，估计那俩孩子都不知道这些事。他父母都不一定知道谁养过他们，那时都忙着打仗，没线索。

王桂芝：

为了纪念，给亲生孩子起名叫小军

王桂芝（1913—1996），山东省乳山市崖子镇田家村人，胶东育儿所乳娘，哺育乳儿小军。

受 访 者： 杨宗民（1946— ），乳娘王桂芝之子，山东省乳山市崖子镇田家村人。

采访时间： 2019 年 9 月 21 日下午

采访地点： 山东省乳山市

采 访 者： 笔者

我的母亲养活了小军将近 3 年

我叫杨宗民，我的母亲叫王桂芝。听我父母说，胶东育儿所 1942 年搬到田家村，正好我的父亲就负责育儿所的保卫工作，他是一名老党员。当时一个八路军要出去打仗，他的小孩才四五个月，我的父亲就抱回家了，抬长这个小孩。

抬长的这个八路军的小孩小名叫小军，1942 年抱来，我母亲养活了将近 3 年才抱走。抱走以后，我的父亲和母亲很想念这个小孩。1946 年我出生后，为了纪念八路军的小孩，我的小名也叫小军。

乳儿生母留下了一个书兜

我母亲抬长八路军这个小孩的时候，他的母亲也很思念这个孩子，有一天黑天，就来看（孩子），正好又赶上下雨。我听我的父母说，她拿着一个小书兜，其中有两本书：一本是《胶东医刊》，可能这个八路军小孩的母亲是一名医生；还有一本就是《胶东抗战史》，咱们胶东每次打仗，在哪里打仗，全部有记录。

这个孩子的母亲看了没一会儿，又接到上级的命令，叫她赶紧走。临走前就把这个书兜撂下了。

前几年，田家（村）办展览馆，我就把这两本书交给了展览馆。这个

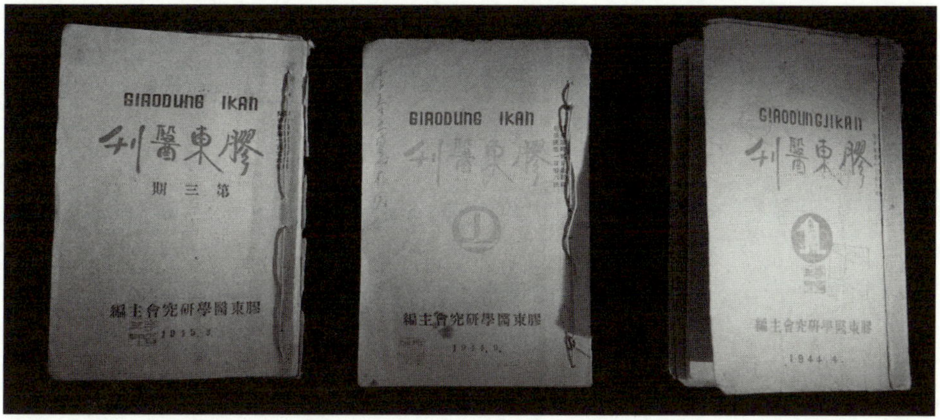

《胶东医刊》原本　　电影《战争中的母亲——胶东乳娘》资料图

小孩也查了，可能他父母在战场上牺牲了，他也不知道谁养过他。没人告诉他，那时候都要求保密。

晚年，母亲把重孙女看成了她哺育过的小军

我母亲 86 岁那年去世的，我母亲在临死的时候，就像想自己的孩子一样想这个孩子。她给人家养了 3 年，白天晚上抱着，太有感情了。

那个时候，我的母亲已经得老年痴呆了，她看见我的孙女就说：“这不是我抬长的那个小孩吗？这就是我抬长的！”说着，她就要过去抢着（抱）。我说这是你重孙女！这个不是八路军那小孩！她就一直念叨。

王聪润：

把这个孩子端在手心，就当自己的命根子一样

王聪润，山东省乳山市城区街道北江村人，胶东育儿所乳娘，哺育乳儿毛学俭（麦勤）。

受 访 者： 王展润（1932— ），乳娘王聪润之妹，曾协助姐姐带养乳儿麦勤，现居山东省烟台市。

采访时间： 2021 年 2 月 18 日

采访地点： 山东省烟台市

采 访 者： 笔者

我二姐叫王聪润，她为八路军抚养了一个孩子叫麦勤

我姊妹八个，我是老八，王聪润是我二姐。她为八路军抚养了一个孩子，叫麦勤，抱回来才（出生）40多天，身体很瘦弱，老爱哭、老爱闹。我二姐夜里白天都不能睡觉，成夜地抱着孩子在地上走动，一放下孩子就哭。麦勤这个孩子被从他父母身边抱来以后，我姐姐整夜把这个孩子抱在怀里。

那个时候，我已经16岁了，三天两头往我姐姐家跑去帮她。我父母都说："大家有什么东西，都来帮帮你姐，可怜这个孩子，父母都在前方打仗，帮帮她，把这个孩子养好。"我二姐把这个孩子端在手心，就当自己的命根子一样，后来这个孩子就胖起来了，小脸红扑扑的，讨人喜欢。

我父母常发动我家的亲戚，有好东西、好吃的都往我姐家送。那时候我就成通讯员了，一天到晚往我姐姐家里送吃的、用的。我二姐很累，我去了可以帮助她带带孩子。

我的父母、我老辈儿经商、读书的多。我父母都很开明，教育我们要堂堂正正地做人，待人要宽厚善良，帮助别人就是帮助自己，要爱国、要勤劳，对我们要求很严。

我二姐很勤劳，那阵家里也很困难，整天帮家里结网、纺线，拿到集上去卖。我二姐非常善良，平常把钱省下来，存着给麦勤念书。我姐夫是个有学问的人，经常教麦勤，他是村里念书最多的一个孩子。

肖国英：

小远落，你在哪里

肖国英，山东省乳山市崖子镇东凤凰崖村人，胶东育儿所乳娘，哺育乳儿远落。

宫元花：

寒冬的山坳，护佑着那个叫福勇的孩子

宫元花，山东省乳山市崖子镇草庵村人，胶东育儿所乳娘，哺育乳儿福勇等两人。

受 访 者： 谭波，原山东省乳山市妇联工作人员，从 1984 年开始调研胶东育儿所相关工作。

采访时间： 2019 年 9 月 19 日

采访地点： 山东省烟台市

采 访 者： 笔者

从 1984 年开始了解胶东育儿所的情况

我叫谭波，20 世纪 80 年代在乳山县妇联工作，从 1984 年开始了解胶东育儿所的情况。

我从 1977 年开始在妇联工作，到 1984 年，妇联成立妇女运动室。胶东育儿所是作为一个专题整理的。一开始的时候光知道在乳山有一个胶东育儿所，究竟这个育儿所是什么情况，谁也不知道。育儿所在哪儿也没多少人知道。后来慢慢地了解了，说是在乳山的田家村这一带活动过，所以我就到各个村去了解情况，采访有关的人。这一采访才得知，不是一两个人，而是一大群人都在做这项工作。

调查到的情况是，这个育儿所是抗日战争时期成立的。一开始是 1941 年冬天，胶东妇联在荣成成立了一个叫胶东医院的育儿所。后来到 1942 年春天，这个育儿所就搬到乳山去了。当时育儿所就两个小孩，搬到乳山去了以后，这两个小孩没有奶吃，就到村里去，看看有没有哺乳期的妇女能给这两个小孩喂奶。那时候的主要工作就是收养一些在前方打仗的部队军人的子女，他们行军打仗不能把孩子带在身边，就要由有关的人来哺育抚养这些孩子。

我们这一调查了解，周边五六十个村庄都有乳娘

这个育儿所后来慢慢地扩大了，孩子越收越多。但是找乳娘最起码得具备三个条件：第一，处于哺乳期的妇女；第二，有的妇女生了小孩后，由于当时医疗条件很不好，小孩夭折了，这样的话也可以给另一个孩子喂奶；第三，妇女自己的小孩快断奶了。有的村子大，这样的妇女就多一点儿；有的村子小，这样的妇女就少一点儿。育儿所的工作人员当时主要是到各个村去看看有没有这样的妇女，而且还要提前检查身体。这样考察一下，行的话就把小孩送过去，她们给养着。

我们这一调查了解，发现在周围的这些村，最起码五六十个村都有乳娘，好多人都在做这项工作。不仅仅是这个家的妇女喂养这个孩子，实际是全家人都调动起来了。当婆婆的把家里的活儿都承担起来，让儿媳妇专心地喂养孩子。其他人都是把家里的活儿尽量地多干，叫哺乳期的妇女少干活儿，拿出精力来好去喂养八路军的孩子。

这些孩子放在老百姓家里抚养，最小的一般都是养到 3 岁，大的有五六岁大，就能跟着父母走了。因为这些孩子在老百姓家里头管乳娘叫妈妈，这个家里的长辈就是爷爷奶奶，所以他们对自己的父母一点儿印象都没有。这些孩子走的时候，自己的父母来领他们，他们都不认，就哭，抱着门框就是不走。每走一个孩子，这个抚养的家庭都要难过好长时间才能平静下来，大都是这样的情况。

小远落，你在哪里

像乳娘肖国英，我采访过她两个女儿。1942 年冬天，她二女儿夭折了，家人都挺难过。因为那时候敌人经常出来“扫荡”，听外头有人敲门，

她很害怕。后来一听是村里的妇女主任（那阵叫妇女会长），来敲她的门。她开门一看，妇女主任怀里抱着一个孩子，叫远落，是个小男孩，才生下来 12 天。她一看就知道是八路军的孩子。

当时肖国英自己的孩子夭折了，时间不长，但是奶水也回去了一些。这怎么办？就想办法，大冬天叫丈夫到河里去，把冰砸开，到冰下面去捞鲫鱼。喝了鲫鱼汤以后，奶就能回来，所以他们一家人就去捞鲫鱼，炖鲫鱼汤给肖国英喝。喝了几天奶水回来了，就开始喂养远落这个孩子。

那时候远落身体特别虚弱，三天两头地闹肚子。这个育儿所有医生，就抱着上育儿所去治疗，想办法给他增加营养，增强体质，各种饭变着花样地做给他吃，后来这个孩子长得挺健康的。

1948 年，远落的父母来接他的时候，他都 6 岁多了。

当时远落的父母来领他的时候，村里的干部怕肖国英难受，就把她支出去了，孩子的父母才把这个孩子领走了。她回来一看孩子没有了，号啕大哭，哭得自己大病了一场。完了以后又想这个孩子什么时候能回来，一直到她 90 多岁了，她儿子叫她搬家她不搬，说是在老房子等着她这个儿子回来看她，但是一直没联系上。那时候这些妇女对她们抚养的孩子，比自己的孩子还亲。

寒冬的山坳，两位乳娘盘腿相拥，护佑着那个叫福勇的孩子

我还采访过乳娘宫元花。她也是领养了一个孩子，叫福勇。1942 年 11 月，日本侵略军在马石山制造马石山惨案。周围村庄的老百姓一听说鬼子来了，都往山里跑。育儿所那时候有二十来个孩子，都分散到老百姓家里去了，鬼子来时，老百姓就抱着孩子往山里跑。宫元花和育儿所的一个公职人员叫李玉华，她俩负责福勇的安全，带着福勇往山里跑。

那时候是冬天，山里有柞木树枝什么的，两个人就找了一个地方坐了下来。天还下着雪，这个孩子怎么办？虽然孩子穿着棉衣，但是天太冷了！在荒郊野外，宫元花就把自己的衣裳扣都解开了，把这个孩子揣到怀里。两个人盘着腿坐着，你的手放到我的腋下，我的手放到你的腋下，就这么抱起来，把这个孩子夹到中间。

我听着挺感动的，我采访的时候问宫元花，她说那时候没有什么想法，就是自己死了，只要能保住这个孩子就行。所以她们两个人在山里头，从白天熬到晚上，又从晚上熬到白天，就这么黑白地熬着，还不能叫这个孩子哭，如果敌人听见声音了也不行。这两个人就一起坚持到鬼子走了以后，她俩冻得都起不来了，腿都麻木了！但是孩子一点儿也没伤着，就这样把孩子保护好了。

在后方为八路军带带孩子，这也是支援抗战

那时候这些老百姓觉得人家孩子的父母都在前方抗战，咱在后方不能做别的，为他们带带孩子，这也是支援抗战。那时候老百姓的觉悟确实高，觉得能上前线就上前线，不能上前线在后方也要为前线作出一点儿贡献。他们都觉得是理所当然的。

像姜明真，我也采访过。她抚养的第一个孩子叫福星，当时她自己的孩子 8 个月大，还没断奶，就接福星回到家里抚养。1942 年 11 月，鬼子来“扫荡”，她就带着福星和自己的孩子上山去躲藏，躲的时候她自己的孩子也就十来个月。她和她婆婆抱着福星和自己的孩子跑到一个山洞里头，结果给福星喂奶，没法给自己的孩子喂奶，她自己的孩子就哭。她怕孩子哭的声音太大了，被扫山的鬼子听见的话不就暴露目标了吗？于是她就把福星给她婆婆，叫她婆婆看着。她把自己的孩子抱起来，又跑到另一

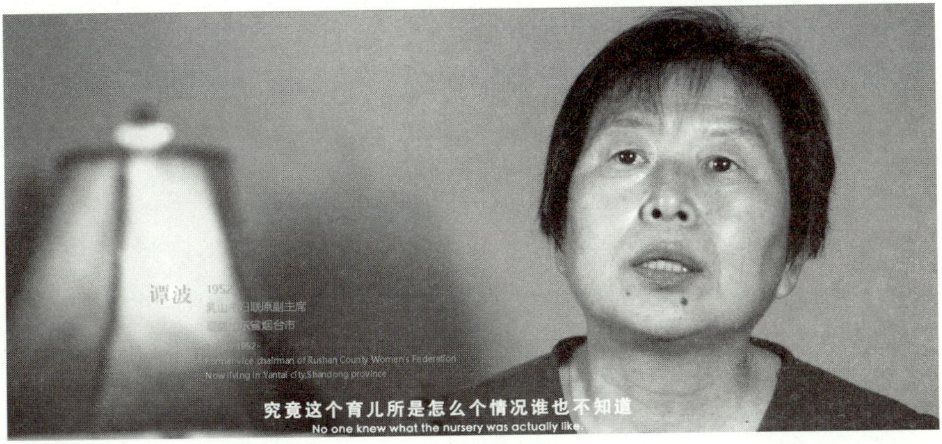

谭波　　　　电影《战争中的母亲——胶东乳娘》资料图

个山洞里。她婆婆说，她刚把自己的孩子放下，鬼子就开始轰炸了，她又跑回来看福星。这时候鬼子正好在扫山，她就不敢再回去看她孩子了，就坚持着，最后等到鬼子都撤走了，她再跑到孩子所在的山洞一看，这个孩子因为又爬又抓的手上、脚上全都是血，嘴上也是血，哭得嗓子都快发不出声音了，这个小孩的肚子和小鼓一样鼓着，抱回家里去没几天，这个孩子就死了。

自己的孩子死了以后，姜明真就更全心全意地抚养福星。姜明真自己有六个孩子，结果四个夭折了，她可是为八路军抚养了四个孩子！

当时人们对抗战、对支援前线不是一般的感情，都是全身心地投入，都拿自己的命去换别人的命！

每一个村的育龄妇女几乎都参与了这项工作

我是 1985 年秋天采访的姜明真。那时候她挺瘦的，60 多岁，穿着大襟的衣服，小脚，说起话来挺干脆利索的。她给我介绍当时她抚养福星的情况，这是她抚养的第一个孩子，所以她印象特别深。她说福星被接走了以后再也没见过，也不知道她现在在哪里，什么时候能看见，确实是挺牵挂的。

一开始我不知道这个育儿所有这么多人，也不知道还有这么多动人的事迹。经过这么一了解，周围的那些村，哪个村也有十个八个的乳娘！那么多的妇女参加了喂养育儿所孩子的这项工作。那时候也没有具体数字，但是每个村的育龄妇女几乎都参与了这项工作，所以说，中国妇女可真是伟大，为抗日战争作出了了不起的贡献。

后来有不少回乳山寻找乳娘的人，我印象最深的就是李丽惠。到最后，胶东育儿所还有几个孩子父母没有去领。当时就把这些孩子的信息都登在《大众日报》上，提供线索叫这些孩子的父母回去领。最后没有领走的这几个孩子里头就有李丽惠，她后来被乳山的机关工作人员领养了，在乳山念完小学以后又到烟台念的中学，以后又在烟台工作。她从记事开始，也就是从育儿所出来以后，就一直在找她的父母。

3 年前，李丽惠和司晓星、段桂芳到烟台来找我。找我的目的，一个是想了解健在的乳娘还有谁，她们想着去看一看；再一个是她想问问我是否了解其他乳儿的情况。

王玉欣（右）在济南
（约 1950 年）

王玉欣：

我是育儿所年纪最小的保育员，她们喊我小妹妹

王玉欣（1935.10—2023.4），女，出生于胶东，14 岁跟随姐姐王梅欣到胶东医院，是胶东育儿所年纪最小的保育员。退休前在上海从事医护工作。

关 系 人：

王梅欣（1920.2—2012.6），王玉欣姐姐，山东省蓬莱市人，1938 年加入中国共产党，生前任安徽省国防科工办副主任。

梁辑卿（1912.11—1977.2），王玉欣姐夫，山东省莱阳县（今莱阳市）人，1933 年加入中国共产党，生前任安徽省委书记，安徽省军区第二政委。1961 年晋升少将军衔。

梁恒心（1942.8— ），王玉欣外甥女，胶东育儿所乳儿。

梁恒力（1943.12— ），王玉欣外甥女，胶东育儿所乳儿。

梁恒华（1945.8—1996.9），王玉欣外甥女，胶东育儿所乳儿。

梁恒青（1947.4— ），王玉欣外甥女，胶东育儿所乳儿。

受 访 者： 王玉欣

采访时间： 2020 年 8 月 13 日上午

采访地点： 上海市

采 访 者： 笔者

（采访王玉欣时，她刚做过眼部手术，身体虚弱，听力也很不好。她的外甥女梁恒力全程陪同采访，辅助笔者跟她交流。这也是梁恒力首次与王玉欣深度探讨她的母亲及四姐妹在育儿所的生活经历。）

身世：追随姐姐参加革命

我叫王玉欣，1935 年出生。我生长在抗日战争时期，日本人打中国最残酷的年代。我姐姐很早就参加了革命，当了八路军。我爸爸妈妈在敌占区受敌人的迫害，身体不好，生病，他们很早就去世了。后来就剩下我一个人，怎么办呢？就跟姐姐到文登去。

1947 年年底，国民党要进攻山东。姐姐、姐夫准备南下到战场上去打仗，带着孩子不方便，就把我们送到育儿所。姐姐、姐夫委托我带着四个孩子，加上我五个人一起，先到了田家村，就是育儿所的所在地。

当时育儿所分配我们住在一个老大娘的家里边，西边一个房间，就是我们这几个人住。老大娘没有名字，是个烈属，叫张王氏。她的儿子跟老头子都牺牲在前线，所以我们在她家里住，她也很高兴。田家村边上的几个村子里边，基本上都有育儿所的小朋友。

我们在老大娘家住了几个月。张王氏大概有五六十岁，人挺好的，对我们也像对待她自己的孩子一样，她有时间也跟我们一起玩。

当时梁恒青年纪还小，她还要吃奶，就把梁恒青送到乳娘家里去了。剩下我们这几个人在老大娘家里边住着。平时的活动就在老大娘家的土炕上，像小孩过家家一样，我们就这样消磨时间。

后来育儿所搬家了，搬到了腾甲庄。育儿所开始变得更加正规，分大班、中班、小班。当时在育儿所，我在保育员当中是最小的一个。我就带着梁恒华在小班，梁恒心、梁恒力在大班。分班以后她们正规地上课、唱歌、跳舞、做游戏，还能学一点儿文化。我有时候就带着梁恒华参加他们的丢手绢、老鹰捉小鸡游戏。

腾甲庄那个地方有一条河，河里边养着鸭子，我带梁恒华一起去看鸭子，还跟小朋友们一起捉迷藏。在腾甲庄还有一个打谷场，我们就在打谷场搞一些活动。

生活是很艰苦的，但是我们在精神上是很愉快的。心里边总想着全国快点儿解放，我们就能够跟姐姐、姐夫他们住在一起了。就是不知道前线打仗怎么样，一天心里有两个心思：一个是过好每一天，另一个是希望我们多打胜仗，盼着早一点儿全家团聚。

不久后，我跟梁恒华从育儿所离开，到了济南。我们那段时间开始是作为军人家属，后来我当了文艺兵。

我是育儿所年纪最小的保育员，被喊作小妹妹

到腾甲庄育儿所以后我们就被分配了，我带着梁恒华在小班。睡觉的时候，一个土炕上睡了七八个孩子，我跟另一个保育员两个人管着他们。每天晚上到半夜，我们要叫他们起来小便。

那个保育员的名字我记不清了，大概比我大一点儿。因为育儿所里边的保育员当中，我是最小的一个，她们都叫我小妹妹，我叫她们姐姐。虽然我比大班的孩子没大几岁，但是我干大人的活儿，也很心甘情愿。当时社会上讨饭的、流浪的人都很多，像我能够在这么一个地方有饭吃、有衣穿，还能够开开心心地过日子，很知足。

腾甲庄那个地方我们住的房子是三栋，育儿所里边设备也很完整，有做鞋子的，有做衣服的，我们一个礼拜也要去学习，进行讨论，大家相互

前排右一是王玉欣，中间是王玉欣母亲，后排右一是王玉欣姐姐王梅欣（约 1945 年）

批评和自我批评。

在育儿所里我们也教那些小朋友唱歌。

月儿弯弯，星光闪闪，
我们都是儿童团。
站岗放哨，又当侦探，
盘查行人捉汉奸。
鬼子来了，我们就跑，
跑到八路去报告。
领着八路，拿着枪刀，
杀退鬼子，家乡保。

还有一个就是《我的小宝宝》：

弟弟疲倦了，
眼睛小，
眼睛小，
要睡觉，
妈妈坐在摇篮边，
把摇篮摇。
我的小宝宝，
安安稳稳来睡觉，
今夜睡的好，
明天起的早，
花园里去采蟠桃。

姐姐的四个闺女都是吃乳娘的奶长大的

我姐姐的四个闺女都是在育儿所吃乳娘的奶长大的。恒心、恒力的第一个乳娘应该是李青芝，那个时间社会闹灾荒，她照顾一个孩子，再给梁恒力吃奶，她也没有奶了。1943 年，王殿英来了，恒力的乳娘叫王殿英。王殿英这个人很能干，以前在老家她丈夫打她，要卖了她还债。怎么办呢？王殿英那段时间走投无路了，我父母帮她，就到了高家台子。大概就在那个村子里落户了，等于也算参加革命了吧。王殿英就陪着梁恒力，白天跑出去，晚上再回村子里边。

日本鬼子投降以后，王殿英回家跟她丈夫离了婚。离婚以后她就到我们东海医院当了护理员，入了党。我们都受过她的照顾，所以王殿英跟我们一家人的关系是很融洽的。我们到现在还想着她，但是要想找她不容易，不知道她在什么地方，估计现在已经不在了。但她对我们的恩，对我们的情，我们到现在也无法忘记。

王殿英主要是照顾恒心和恒力，所以恒力的身体还算好。在那个年代，她自己省吃俭用，不舍得，把恒力当成亲生孩子照顾，照顾得很好。

抗日战争胜利以后，王殿英就到了文登。恒力被接回到育儿所之后，在田家村那段时间，李青芝不晓得怎么打听到了，她后来跑到田家村来看我们。她说很想恒心和恒力，所以东打听西打听，打听到了以后，不管怎么样也要来看看两个孩子。她挎着的小篮子里边有糖果、巧果，还有鸡蛋，在腾甲庄大概睡了一个晚上，我见过她。她第二天要走的时候，恒心、恒力这两个孩子依依不舍。李青芝也走走回头看看，还是流着眼泪走的，难舍难分。

当年梁恒心生天花，李青芝为了照顾她，结果自己的孩子死掉了。这是一种什么精神？这是一种忘我牺牲的精神，这是母爱，大爱无疆。战争年代，不管是军队也好，老百姓也好，都是很苦的，但是军民团结一条心，所以后来我们打败了日本鬼子，打败了国民党。

恒华的乳娘，我们有一张照片。恒华的乳娘姓韩，我们叫她韩姐。她给恒华吃了一年奶，后来她奶也没有了。

恒青的乳娘在一个村子里边。恒青住在乳娘家里，我基本一个礼拜去看她一次。我去看她，她醒着不睡，我走她要哭半天，要跟我疯，跟我玩，我蛮开心的。她断了奶以后大概就到育儿所了。再后来全国解放了，梁恒心、梁恒力、梁恒青她们都从育儿所出来了，那段时间恒华已经到了济南。

梁恒青还有个保育员，她们都喊她“疤瘌眼阿姨”，我姐姐给她找了个爱人，在济南结婚了。疤瘌眼阿姨姓什么叫什么我也想不起来了，但跟她还是蛮熟的。后来恒青专门找过她，疤瘌眼阿姨最喜欢恒青，所以恒青也喜欢她。她跟恒华、恒青照过一张照片。她经常到家里来玩，我跟她关系比较好。

还有两个保育员到山东省保育院工作去了。

姐姐把刚出生的恒心抱到乳娘家，独自哭了一夜

我姐姐的几个孩子中，恒心是第一个，送到乳娘家里后，我姐姐哭了一个晚上，都没睡觉。因为当时部队有规定，战争年代女同志不能带孩子在部队工作。我姐姐说她是第一次生孩子，恒心是她第一个孩子，她做妈妈才心痛呢！她是没办法，要打仗，要行军，带着孩子也不方便，只好送到老百姓家里边。那是战争年代，形势逼人没办法，只好舍小家顾大家。

我姐姐说她出来参加革命，结婚结得早了一点儿，弄得孩子跟着我们受苦。她不是不疼爱自己的子女，她没办法。我们在敌占区的时候，鬼子

到家里来了，我的几个舅舅当时都参加了革命。我的姐姐也是为了救国救民，才参加了革命。

1948 年，我姐姐到育儿所里来看过我们几个，后来就把我跟恒华给带出来了，而把恒心、恒力、恒青三个人留在育儿所里，因为一下带那么多人出来也不方便。

因为分开时间长了，有点儿陌生。我姐姐是在妇救会工作，长期住办公室不回家。恒力叫王殿英“家里妈妈”，自己的亲生妈妈叫“外头妈妈”，在感情上跟她亲生妈妈好像有点儿距离。

我姐姐有时也问我：“你怕我吗？”她对我们要求严格，有时批评起来很厉害的，所以我是有点儿怕她。但是当着她面我又不敢说，跟她讲不怕，主要是我们不长期在一起生活，有点儿疏远了。

姐姐承担了母亲的职责，送我读书，我却偷偷去当了兵

从育儿所出来以后，我那时也只有 14 岁。他们一天到晚，白天开会，晚上开会，有时深更半夜人都不见，我在家里一个人守空房，没意思。我就要求去当兵，1948 年秋天，我到了济南警备区文工团。在那里待了半年多，后来我姐姐就把我送到山东省保育小学读书。因为要解放了，没有文化不行。一直到 1952 年，我毕业以后来到南京，又考取了南京师范学院附属中学。1956 年毕业以后，我从南京到了上海，在上海卢湾区妇产科医院工作，在院长办公室做文书。

我姐姐这个人，是刀子嘴豆腐心。她对我们有时候要求比较严格，要求我们在学校里，不要去跟人家比吃穿，要比艰苦朴素，生活简洁，学习要好。别看她一天忙忙碌碌，她也会生病，但是她首先想到的是我们。我姐姐这个人蛮厉害的，她希望我们都能成为国家需要的人才。

王玉欣（中）、梁恒力（左）、笔者合影（2020 年 8 月 13 日）

我跟我姐姐相差 15 岁，我姐姐常说：我根本不当你是妹妹，我当你是个孩子。该骂的时候就要骂，目的还是为了你好。我家里培养出来的人，不希望让人家戳脊梁骨。

春节从家里逃跑，17 岁的姐姐走上了革命道路

我妈妈的爸爸是闯关东的，他在东北开丝绸店，还搞房地产。我的爷爷当时也曾闯关东。这两个家庭是怎么组合的呢？就是两位老人做媒，所以我爸爸跟我妈妈结婚了。我爸爸、伯父、叔叔都读了 4 年私塾，所以是一个文化家庭。

后来日本鬼子侵占东北，我们家里败落了。我爷爷是一个账房先生，

懂财务，日本人叫我爷爷去给他们打工，但我爷爷宁肯饿死也不替日本人做事，所以就从东北偷偷地逃回了老家。

我父亲对我姐姐出来当兵有一种思想：好男不当兵，好铁不打钉。所以我姐姐刚出来参加革命时，父亲思想上想不通。我姐姐就通过舅舅逃出来参加了革命，那年她大概 17 岁。

但是我父亲很快把她抓回去了。抓回去后让我姐姐照看我，我那时快 3 岁了。结果 1938 年春节的时候，我姐姐把我放在秋千旁边，又跑掉了。这次跑出来，我父亲没有再把她抓回去，因为经过女儿的实际行动，我父亲觉得他女儿这条路走对了，自己以前的老思想跟不上了。后来我姐姐离开了我们的家乡，到东海来了。

王占梅：

每天晚上给孩子们唱最好听的摇篮曲

王占梅（1929—　），女，山东省乳山市崖子区哨里村人，胶东育儿所保育员，约1947年进入胶东育儿所工作，现居山东省威海市。

受 访 者：王占梅

采访时间：2019年9月21日上午

采访地点：山东省威海市

采 访 者：笔者

平常都是我们自己编儿歌

我是1947年到育儿所工作的，从1947年一直干到1955年育儿所解散。那时候，我在村子里是妇救会的，平时负责抬担架、给病号送东西什么的。到了1947年，敌人进入胶东后，我们村的对门邻居带回三个小朋友到她家去疏散。此后，我就和她照顾这三个小朋友。再以后我就跟着到了育儿所，我那时17岁。

我到育儿所后被分配在幼稚园工作，和五六岁、六七岁的小朋友在一起。每天就是领着小朋友玩，做游戏，讲故事。那个时候我们不学文化，就是娱乐，跳舞啊、拉风琴啊，就是做这些工作。

小朋友们都喊我大姨，我喊他们小朋友。

小学部有老师，有班主任；幼稚园有保育员，再有一个就是教师。再下面就是大婴儿室、小婴儿室，是这样分的。

平常都是我们自己编儿歌，比如进饭堂吃饭的时候，小朋友坐下就唱：

进饭堂，
快坐下，
静悄悄，
不讲话，

坐得端正听俺姨话。

我们自己编的这些歌曲，吃饭的时候唱，睡觉的时候也唱。那时候不是都挂蚊帐吗，要挂蚊帐，我们编的歌曲就是：

弄纱帐，
美得很，
小朋友们千万别撕开，
一撕开就不好，
苍蝇蚊子进来了，
小朋友们睡不好。

反正就是些顺口溜。当时育儿所还有摇篮曲：

弟弟疲倦了，
眼睛小，
眼睛小，
要睡觉，
妈妈坐在摇篮边，
把摇篮摇。
我的小宝宝，
安安稳稳来睡觉，
今夜睡的好，
明天起的早，
花园里去采蟠桃。

笔者与王占梅（左）合影（2019 年 9 月 21 日）

我很想那些小朋友，想啊！那个时候多愉快呀，一天天和小朋友在一块玩，你喜欢他，他就喜欢你啊！

我们那时候不体罚孩子，有哪个不听话、不守纪律，都是单独教育。你把道理说给他，他也愉快，就听话了。

小朋友，可能是这个麦苗的根深吧，不怕冻

那时候，我们经常和小朋友编个小剧演演，演只小兔、小狗的。利会（李丽惠）演一只小兔，国军演一只大山羊。现在他们也都70多岁了。

那时候幼稚园的小朋友也不学文化，就是娱乐，做游戏，有时候也领着上街去走走。

我记得有一个小朋友问我："大姨，冬天植物都冻死了，为什么麦苗冻不死，那么青？"

我一下子被这个小朋友问住了，我也不知道为什么麦苗冻不死，我当时给了他一个答复。我说："小朋友，可能是这个麦苗的根深吧，不怕冻。等我上桥东庄去，桥东庄有个农场不是吗，去问问大叔是不是这个道理。"

当时，我们白天黑夜都不能离开小朋友。夜里两个人值班，需要给小朋友盖被子、整理蚊帐什么的。跟我一起值班的有单淑媛、于淑贤，还有李淑贞。

那个叫家明的小朋友，如今不知在哪里

现在我还能记得二三十个小朋友的名字，当时每天和他们在一块儿，忘不了。

新华、国军、正腾、利会、胜利、爱利、连山，这些都能想着，现在

他们也 70 多岁了。特别是哪个小朋友身体不大好、体格弱，你多会儿都挂念他，直到现在还挂念他。

那时候有个小朋友叫家明，长得也瘦小，所以到现在还是忘不了。

利会是一个瘦巴巴的小姑娘，颧骨高高的。司晓星也不胖，是一个挺利索的小姑娘。有一年，晓星来了，她长大了，她说："大姨，我是晓星啊！"我看见她，有些不认识她了。

我去育儿所的时候，所长是刘志刚，以后是宋武，还有一个张指导员、一个丛指导员，丛指导员以后又调到青岛了。当时育儿所有好几百号人，分好几个室，分小学和幼稚园，幼稚园又分大班、中班和小班。我一去就被分配在幼稚园，对小学的情况，我都不了解。

小朋友们不知道什么是爸爸妈妈

那阵（小朋友）可能根本就不知道家是什么，也不知道有爸爸妈妈。

宋玉芳是 8 岁以后才被送到她妈妈那里。她妹妹是宋玉芝，回妈妈家后经常问她："姐姐，咱什么时候回家？"她们觉得育儿所才是她们的家，妈妈家不是。

后来有一个小朋友从青岛打听找我，一直找到我家，找到哨子村。他那时得三四十岁了，在那里住了一天，又坐车回去了。这个小朋友不在我这个班，只是前后班。他见了我的面就喊大姨。小朋友们都有这种感情吧。

司晓星、宋玉芳、李丽惠（利会）、段桂芳、王庆林，他们都到我家去过。一次，司晓星和家人一起来看我。晓星说："大姨，我以后还来看你。"我说："好。"那些年，我们白天晚上在一块儿，大人孩子都有感情。

第三篇

念兹在兹，

八方乳儿寻亲觅根山高水长

恒青（左）、恒华（右）与保育员在腾甲庄合影（约 1949 年）

梁恒青：

疤瘌眼阿姨，您在哪里

梁恒青（1947.4— ），女，出生于山东省威海市文登区，胶东育儿所乳儿。父母在新中国成立前生了四个女儿，恒青是其中最小的，四姐妹都在胶东育儿所长大。退休前是安徽省委党校干部，现居安徽省合肥市。

关 系 人：

疤瘌眼阿姨，梁恒青乳娘。

梁辑卿（1912.11—1977.2），梁恒青父亲，山东省莱阳县（今莱阳市）人，1933 年加入中国共产党，生前任安徽省委书记，安徽省军区第二政委。1961 年晋升少将军衔。

王梅欣（1920.2—2012.6），梁恒青母亲，山东省蓬莱市人，1938 年加入中国共产党，生前任安徽省国防科工办副主任。

王玉欣（1935.10—2023.4），梁恒青小姨，胶东育儿所保育员。退休前是上海卢湾区产院职员。

梁恒心（1942.8— ），梁恒青大姐，胶东育儿所乳儿。

梁恒力（1943.12— ），梁恒青二姐，胶东育儿所乳儿。

梁恒华（1945.8—1996.9），梁恒青三姐，胶东育儿所乳儿。

受 访 者：梁恒青

采访时间：2020 年 8 月 11 日下午

采访地点：安徽省合肥市

采 访 者：笔者

我想了解爸爸妈妈到底是怎么走上革命道路的

我叫梁恒青，是1947年4月出生的，年份我妈妈记得很清楚，但到底是哪天妈妈记不清楚了。因为当时正是国民党重点进攻山东的时期。我小姨记得生我那天是儿童节，她参加儿童节活动回到家，听人家说你姐姐又生了一个姑娘，她好高兴，所以她说我妈妈的月份记得不准确。反正我认为出生年月也就是这么一个标记吧，所以我就给自己定了个时间，是1947年4月20日。参加工作之后，我所有的履历表全部填的是这个日期。

我们家前面四个姐妹都是吃乳娘的奶长大的。大姐梁恒心是1942年出生的，是抗战最艰苦的时期。爸爸妈妈给她起名叫恒心，意思就是我们要有和日本鬼子抗战到底的决心，要不怕牺牲，要勇于斗争！

二姐梁恒力是1943年出生的，她的名字意思就是我们不仅有抗战的决心，还要有力量战胜日本鬼子，所以叫“恒力”。

三姐是1945年出生的，是抗日战争最后阶段了。抗战胜利了，我们中华民族要复兴，所以给我三姐起的名字叫“恒华”。

我是1947年在文登出生的，当时三十九师驻军在文登。听父母亲说，当时解放战争进入了高潮阶段，要永葆革命青春，不能半途而废，要一鼓作气，继续斗争下去，所以给我起名叫“恒青”。我们四个姐妹的名字基本上是这么一个来源。

自从我2012年生病了之后，我好像有一种紧迫感，不知道命运还能留给我多少时间。在我有生之年，我有两个秘密始终解脱不了：一个是我到底是从哪里来的，我对我的父母不了解。特别是我的父亲，他是1977年2月在岗位上去世的。他没有礼拜天，没有节假日，总是不在家，过年也总是到农村去慰问农民，到连队去关心战士，看他们春节过得怎么样，他们年夜饭吃什么等。我很少跟父母深入地沟通交流。爸爸也没跟我讲过他的战斗故事，而且我父母都是属于谦虚谨慎的人，从来不宣扬自己，没在子女面前讲过自己的故事。

我跟妈妈接触时间比较长。她后来身体不好，我一直陪伴到2012年妈妈生病去世。这段时间妈妈也有时间跟我讲故事了，她跟我讲了一些过去的战斗故事，包括我们的经历。但爸爸的故事我真是很少听到，所以我想了解爸爸妈妈到底是什么样的人，他们是怎么走上革命道路的，他们的青春、他们的战斗年华是怎么度过的。

妈妈名叫王梅欣，我姥爷的父亲20世纪20年代闯关东，家里条件非常好。因为他上过私塾，有文化，非常有经商头脑，开了煤矿。后来日本鬼子占领了东北以后，把我姥爷家的煤矿侵占了，还把他们赶走了，所以我姥爷是逃荒要饭从东北返回的老家。

1938年2月春节前，我妈妈是受她舅舅于眉影响参加革命的，1938年8月就入党了。1939年，她担任了平度县妇救会长，1940年担任东海地委妇女主任，一直到1946年做了东海地委组织部组织科长，后来到了部队。

爸爸妈妈在世的时候，从来没带我们回过老家，所以说找乳娘真不是一件容易的事情。胶东这么大的面积，没名没姓没地点，到哪里去找啊？我们四姐妹从小不在父母身边，一直到父母稳定之后，才派警卫员把我们四姐妹带到南京，所以说老实话，刚回到父母身边时很不适应，对爸爸妈妈不亲。另外我心里有成见，觉得爸爸妈妈可能不喜欢我们，所以把我们撂给老百姓了，让老百姓养。因此对爸爸妈妈还有点儿隔阂，有点儿怨气。

我小时候确实追问过妈妈，我说："你是不是不喜欢我们，才把我们撂到老百姓家去了，不管我们了？"

妈妈听到我质问她以后，惊奇地说："你怎么能这么想呢？天底下哪个妈妈不爱孩子啊！哪有母亲不爱孩子的呢！"

有了这些交流之后我们才知道，妈妈很爱我们！妈妈跟我讲过，生我大姐恒心的时候，刚把大姐生下来就交给老百姓了。那时候形势很紧张、很困难，她白天要参加斗争，到了夜晚休息的时候，她就特别想孩子，想得都掉眼泪。自己偷偷地哭，睡不着觉，彻夜难眠！那个时候我们才知道妈妈那么爱我们，所以跟妈妈的感情有所缓解。

但是我们真不了解父母。我们四姐妹到了南京以后，全部都住校，跟爸爸妈妈根本见不着面，实际上也没在爸爸妈妈身边。我觉得在我的童年当中，父母真的是没有带我们去玩过，没有拥抱过、呵护过我们。我觉得我爸爸妈妈怎么和人家爸爸妈妈不一样？小时候有这种感觉，长大了以后，开始懂得道理了，知道原因了，对父母的感觉慢慢地愈合了，感情也缓解了。

当时我还不明白，这首歌是从哪儿来的

我有孙子了，我儿媳妇这代人对孩子的教育真是非常上心，研究得很透彻。从现在的教育理论来讲，3 岁以前，对婴儿来讲最重要的是陪伴，陪伴是对孩子最大的关怀。因为 3 岁以前，是孩子的心理发展、身体发展最关键的时期，包括性格的培养、性格的发展。这段时间留下的创伤，会

影响终身。父母不在我们身边的阶段，乳娘们、育儿所的保育员和阿姨们，给了我们最大的陪伴。这种陪伴首先是一种安全感。我们有依靠了，我们有家，我们有妈妈，妈妈在爱护我们、关心照顾我们。这种陪伴对我们幼小的心灵是一种最大的安抚！

我现在 70 多岁了，育儿所给我留下两个印象。第一个印象就是摇篮曲。说老实话，这首摇篮曲我已经记不大清楚了。生我儿子的时候，我已经 30 岁了。突然有一天我给我儿子唱：弟弟年纪小，要睡觉……很自然地从嘴巴里流出，就那么唱起来了。当时我还不明白，这首歌从哪儿来的。

我们四姐妹都会唱。一直到了最近这几年我才知道，这首歌原来是乳娘们、育儿所的老师们给我们唱的。我对乳娘、育儿所的情感，一下从内心就这么冒出来了，很自然地就升华了。

第二个印象是，我都六七十岁了，有时候夜里做梦还能梦到敌机来轰炸，阿姨们抱着、扯着、拽着把我们往防空洞里头领。我想我都这么大年龄了，怎么老梦到这个场景啊？最后当我参观了胶东育儿所教育基地，我明白了那是育儿所留给我的记忆，那是童年的记忆。这种记忆真是伴随我一生啊！虽然我自己的乳娘到现在也没找到，但这份恩情我们三代人都没有忘！ 2012 年，我得了肠癌，到 2013 年，我两年住了 4 次院，开了两次刀。原来就想找乳娘，但是当时还没有那种紧迫感，得了病之后，我突然有了紧迫感。

妈妈指着照片说：“恒青，这就是你的乳娘！”

我在育儿所时间很短，基本上没有明确的记忆。我对乳娘的记忆就是家里的老照片。我们家有一个老照相本，这些照片拍摄的时间段是 1931

梁恒青（右二）与姐姐梁恒力（右三）、弟弟梁南征（左一）等家人与乳娘李青芝的女儿高京本（右五）、儿媳于莲芝（右四）合影（2019 年 9 月）

笔者带领采访团队在合肥与梁恒青（前排右一）、段桂芳（前排右二）合影（2020 年 8 月）

年到 1969 年。

妈妈带我看老照片的时候，我说这个人怎么带着我和三姐恒华在一块儿照相？妈妈指给我说：“恒青，我告诉你，这个人就是你的乳娘！”

我居然还有我乳娘的照片！所以我很高兴，但是她叫什么名字，现在在什么地方，妈妈也记不得了。

疤瘌眼阿姨在我心里是最美最美的人

乳娘的照片，在我们家的老照相本上，但是她的形象刻在了我的心中。不管她姓什么、叫什么，现在在何方，她就是我的妈妈！小时候给我安全，给我幸福，在生活上照顾我，给我快乐。特别是在那么艰苦的条件下，给我快乐的这么一个人，这就是我终身的妈妈！我现在闭着眼睛还能记起她的模样。

她年轻的时候，可能眼睛得过病，那时候条件艰苦没有办法治，在眼睛上面形成了一个疤，所以我们都喊她疤瘌眼阿姨。现在认为喊疤瘌眼不好听，我说不，疤瘌眼阿姨在我心里是最美最美的人！我对疤瘌眼阿姨的感情是很深的，没法儿用语言来表达。现在想到她我都掉眼泪。我都 74 岁了，她至少也是 100 岁左右的人了。不管她是否在世，她永远是我的妈妈，我永远不会忘记她。

那首摇篮曲我真不知道是谁唱给我听的，但这首歌曲是刻在我心里和脑子里的。

弟弟疲倦了，
眼睛小，
眼睛小，

要睡觉，
妈妈坐在摇篮边，
把摇篮摇。
我的小宝宝，
安安稳稳来睡觉，
……

宋玉芝：

我心想我能成为阿姨真正的女儿就好了

宋玉芝（1947.10— ），女，乳名小林，胶东育儿所乳儿。现居山东省青岛市。

关 系 人：

宋玉芳（1944.12— ），宋玉芝姐姐，胶东育儿所乳儿。

受 访 者： 宋玉芝

采访时间： 2020年11月5日下午

采访地点： 山东省青岛市

采 访 者： 笔者

我那时候想到底哪个是我的母亲

小时候我们家有一张乳娘的照片，照片中她抱着我，乳娘的儿子在旁边，我就问妈妈：“妈妈，这个阿姨是谁，她怎么抱着我？”

我妈告诉我：“这是你的乳娘。”我妈说：“我和你爸爸参军去打仗，生了你才几个月，没法带着你，就找当地的乳娘喂你。那个战争年代，实在是没办法！”我那时候可能上三年级。

照片上，乳娘非常干净漂亮，我戴了个八角帽，收拾得也很漂亮，我那个小哥哥也很精神。我那时候想到底哪个是我的母亲？为这个我还和人家说母亲不是我亲妈，那个抱着我照相的才是我亲妈。这张照片后来找不着了，不知道怎么丢了。

如果那张照片还在，我可能还能找到我的乳娘！如果找到乳娘，我要好好地孝顺她，她想吃什么吃什么，想穿什么穿什么，叫她好好地享福。我特别想回胶东育儿所，我特别喜欢在幼儿园那段快乐的时光，因为我感觉这个家很陌生。

我 1947 年出生，户口本上写的是 1947 年 10 月 18 日。我出生两个月以后就送给乳娘了，乳娘喂我到一岁就把我送到胶东育儿所，待到了 6 岁，我妈就把我们接回去了。

当时在育儿所的时候，阿姨领着我姐姐来认我这个妹妹。阿姨告诉我说这是你姐姐，跟我姐姐说这是你妹妹！我心想我根本就没有姐姐，我的小朋友才是我的姐妹，所以直到我姐姐走了我也没叫她。过了一天以后，我姐姐偷偷给我送了一个大苹果就跑了。后来阿姨教导我，东西不能自己吃，要和小朋友分享。

有一次，我长病了，嘴角发炎，不吃饭。阿姨说别饿坏了孩子，就上卫生室给我抹了药，开了药片，阿姨还把我留在她们的宿舍精心地护理我。大概有四五天吧，我就好了，就可以吃饭了。我在这个家没享受过阿姨给我的这些待遇，所以我就觉得这不是我的家，我妈妈也不是我的亲妈妈。

阿姨说“不要担心，我天天看着你”

有一次，我们小班的房子漏了，所以就把小班有的小朋友往大班里送，有的叫育儿所的阿姨先领回去住两天。我在育儿所里长得挺漂亮的，有一个阿姨就把我领到她家里住。这个阿姨没有孩子，特别喜欢我，说：“小林，你愿不愿意做我的女儿？”我说：“我愿意做你的女儿。”

阿姨还买了大螃蟹，给我剥鲜肉吃，那个叔叔也对我很好。小班的房子修好了，我还往她家里跑，我心想我要能成为阿姨真正的女儿就好了。阿姨说“不要担心，我天天看着你”，这样我心里还踏实了一些。

我记得在育儿所里学过一首儿歌《拔萝卜》：

拔萝卜，
拔萝卜，
快来拔，
大家一起拔萝卜。

就这么简单的小儿歌。

我的人生受育儿所的影响最大。有一次，育儿所发牙刷，我的牙刷是金黄色的，我特别喜欢红色的牙刷。有个小朋友发了一个红色的牙刷，我就想换那个红色的。等到玩完了，我立刻跑回去，把我的牙刷和那个小朋友的换了一下。那个小朋友回来说："阿姨，我的红牙刷变成了金黄色的！"阿姨说："到底是哪个小朋友换的？勇敢的小朋友就应该承认错误！不承认错误的小朋友就不是好孩子！"我想了半天，承认牙刷是我换的。阿姨说："小朋友要诚实，要互相友爱，别人的东西不要随便拿。"从小就给我们灌输了正能量的教育，所以到现在我干什么事都按照阿姨的标准来办。

我妈妈来接我时，我抱着阿姨的腿就是不走

我妈妈来接我和姐姐时，我姐姐大，她懂事没哭，就我哭得厉害。我不走，我说阿姨就是我的妈妈，来接我的不是，我抱着阿姨的腿就是不走。小孩没有力量，下来一个叔叔一下把我抱走放到车上。我哭了一路，心里那么难过，心里想，完了，我永远离开了我的妈妈和我的小姐妹们。

在育儿所时是我这一生最快乐、最灿烂、最幸福的时光，我怀念待在育儿所的时光。

董春娜：

阿姨，你给我当妈妈吧

董春娜（1948.4— ），女，胶东育儿所乳儿，现居山东省烟台市。

关 系 人：

董志政（1920—2008），董春娜父亲。

高玉珍（1920—2004），董春娜母亲。

受 访 者：董春娜

采访时间：2020 年 8 月 7 日下午

采访地点：山东省烟台市

采 访 者：笔者

1948 年父母南下，我 7 个月被送到了育儿所

我叫董春娜，是 1948 年 4 月生人。我 7 个月大的时候，组织上通知我父母南下，准备打过长江去，解放全中国。他们不能带着孩子去打仗，所以就把我放在胶东育儿所。那时候我还有个姐姐，比我大两岁，放在我姥姥家。我那时候太小了，但是我没被放在乳娘家，因为那时候条件好一点儿了，我就直接被送到了胶东育儿所。我妈告诉我说，和我一天送去的，还有一个是刚出生 12 天的孩子，两个阿姨照顾这一个孩子。1954 年冬天或者是 1955 年春天，我记不大清了，当时还穿着棉衣，我从胶东育儿所回到父母身边。

我爸是 1937 年以前参军的，我妈是 1945 年参军的。当兵以前，我妈在村里面就入了党。她入党是受我姥爷的影响，因为我姥爷当时就是地下党。后来，我妈在部队上和我爸认识结婚了。

从育儿所回到父母身边以后，我在石岛读了两年小学。1958 年，我爸从石岛调到烟台轻工业管理局当局长，我妈在烟台交通局的人事科。我就在东胜街小学上到小学毕业，然后到交通中学念完了初中，后来我考入烟台商业学校财会专业。再后来我离开了烟台，到了青岛即墨。一开始是到农村帮助干农活儿。我什么农活儿都干过，挑水、抗旱、挖土方，再就是弄个大筐子用手往地里面撒粪。再后来我到农业生产资料公司开始干出纳工作，后来我又任主管会计、财务科长，一直干到退休。

我哭的时候，育儿所阿姨也哭，她抱着我哭

最早我妈送我到育儿所的时候，我才7个多月，因为我那时候认生了，我妈就在育儿所待了7天。我妈说，她发现照看我的阿姨特别善良。我哭的时候，她也哭，她抱着我哭。可能阿姨觉得我这个孩子太可怜了，这么小，父母就要上前线了，所以就跟着我一块儿哭。我妈说这段经历的时候，我就特别想念这个阿姨。我想如果她还活着，不管她现在什么样，哪怕她瘫痪了，我也要把她接到烟台来，给她养老送终！毕竟我那么小，她抚养了我。

后来我慢慢地长大了一点儿，可能四五岁吧，育儿所每年春天或者秋天都带着我们出去玩。我听着有些小孩喊他们的父母叫爹娘，我当时就想我怎么没有啊？我们怎么就是一群孩子在这个育儿所里头啊？

阿姨，你给我当妈妈吧！她说好啊

还有一个阿姨对我特别好。每到星期天，她都从育儿所把我接到她家去玩一天，到了傍晚再把我送回去。我对这个阿姨非常依恋。我仰着脸抱着她的腿跟她说："阿姨，你给我当妈妈吧！"阿姨说："好啊！"

所以我有时候叫她妈妈，有时候叫她阿姨。这个阿姨现在也不知道怎么样了，我也记不住她叫什么名字。但是在我心里边，一直都有她，到现在我还想念她。在育儿所的时候，我对家没有概念，对父母也没有概念，不知道什么叫亲情，但是我对阿姨的亲情大于我的亲生父母。

阿姨教我画小鸟，画小动物，画太阳，画树。育儿所里面有个院子特别大，有秋千，有跷跷板，还有小孩可以骑的三轮车。阿姨带着我们荡秋千，坐跷跷板。阿姨也带我们去野地里面，告诉我们哪个是麦子。春天，

阿姨带我们出去看花，那时候庄稼刚长出来很小，阿姨就说这是什么瓜，这是什么菜，指给我们看。

我觉得在育儿所度过的童年特别快乐。阿姨教给我们怎么讲卫生，怎么饭前洗手、饭后漱口。小的时候我们睡觉以前阿姨也帮着洗脚，慢慢大了就自己学着洗脚。小时候在阿姨的教育下，我就知道了什么叫讲卫生。回到我父母身边以后，因为家里面就一个脸盆，我也不敢用，不像在育儿所时天天洗脸洗脚，所以我很不习惯，非常想念育儿所！在家里边，我妈有我弟弟和我妹妹四个孩子，她忙不过来，顾不得我了，所以我想念阿姨和那些小朋友。

阿姨抱着我照了一张相

阿姨抱着我照了一张相，我到现在还留着这张照片。我 2020 年 7 月 4 日上乳山的时候，拿着阿姨的照片与展览馆里面那些阿姨的照片进行比对，没比对上。前些年，我心里边确实有个愿望，如果我能找到阿姨，就把她接到烟台来，给她养老送终。我把那张照片放大了，一直到现在都放在我的床头。

董春娜与保育员阿姨

现在，这个愿望恐怕实现不了了，我都 70 多岁了，阿姨不知道是否还健在。也不知道她的后人怎么样，确实难找，能找着她家的后人也行啊，因为我确实把她当成我的妈妈。

睡觉前阿姨说：明天早晨我叫你，你爸爸妈妈要接你回家

我在育儿所时间长，住了6年多。我从7个月大一直到6岁多，将近7岁了，才被接回父母家。

有一天晚上，一位阿姨告诉我："春娜，明天早晨我叫你，你爸爸妈妈要接你回家。"我那时候很迷茫，不知道什么是家，也不知道爸爸妈妈是谁，我总以为育儿所就是我的家。

第二天早晨阿姨叫我起来的时候，天还不亮，小朋友们还在睡觉，我迷迷糊糊有点儿不高兴。阿姨给我穿好衣服，吃完饭，进来一个叔叔。阿姨说："你跟他走吧，这是你妈妈部队的人。"我就跟着走了，那个叔叔用自行车把我驮到了我父母单位。当时他怕我摔着，就用一根绳子把我绑在他身上，我坐在后座上。我们半路上住了一晚，第二天才到家的。

到了家，那个时候我姥爷、爸爸、妈妈、姐姐、妹妹，还有我妈单位一大批穿军装的人，都在那儿等着我。一看这么多人，我都蒙了。后来那些阿姨就说："春娜，你看看，哪个是你爸爸，哪个是你妈妈？"我瞪着眼看了半天，不知道是哪一个，所以我也不敢说话。到了我父母身边以后，我一直融入不了这个家庭，我老是自己单独待着，因为我姐姐、我妹妹和我也不亲热，我妈那时候有我弟弟了，再加上单位工作忙，所以她对我也不是那么热心。可能那时候都是那样，不像现在的父母，对孩子要多沟通，多交流感情。那时候我父母也没有这方面的举动，所以我对他们就很陌生。

后来我稍微大了一点儿，就问妈妈："你把我送走，为什么不送

他们？”

我妈说：“那个时候全国还没有解放，我和你爸爸都准备南下去打仗，不能带着孩子打仗啊！”

我说：“那你怎么把姐姐送到姥姥家，把我送到育儿所？”

我妈说：“你太小了，你姥姥养不活你。”

我慢慢理解了父母的做法。

我在育儿所的童年是非常快乐的，我非常想念育儿所，尤其想念这个阿姨。

笔者带领研究生团队与乳儿董春娜（左三）、杨德殊（右三）合影（2020年8月）

沈力圃：

乳娘哺育我两年，但我不知道是哪个乳娘养育的我

沈力圃（1945.5— ），男，出生于胶东，父母都是八路军，胶东育儿所乳儿。退休前是国家干部，现居浙江省杭州市。

关 系 人：

沈世武，沈力圃父亲。

于福生，沈力圃母亲。

受 访 者： 沈力圃

采访时间： 2020 年 8 月 14 日上午

采访地点： 浙江省杭州市

采 访 者： 笔者

我吃了乳娘两年奶，但我不知道我吃的是哪个乳娘的奶

我父亲叫沈世武，山东文登人。他师范毕业以后在家乡教书。1937年抗战全面爆发，我父亲和几个同学商量决定不教书了，要参加革命，抗击日寇。

我母亲叫于福生，当时在掖县一个小学教书。抗日战争爆发以后，跟随我父亲一起参加了八路军。1949年以后，我父亲南下，一直在浙江省杭州市做行政工作。

我出生后两三个月，因为部队要行军打仗，我母亲没法带着我，就把我放到了育儿所，然后由当地的乳娘喂养我。我吃了胶东乳娘两年奶，但我不知道我吃的是哪个乳娘的奶。我妈妈给我讲过一个名字我忘记了，很遗憾！

等到1947年，因为那个育儿所要转移疏散，我母亲又把我送到一个亲戚家。我那个亲戚姓孙，所以我的名字当时也叫孙宗圃。在他们家，我长到10岁。后来我父母亲南下去了杭州，希望我能够受到比较好的教育，又和亲戚商量把我接到了杭州。

我母亲在九十七八岁病重的时候，和我讲起了很多小时候的事情。她和我讲去接我的情景。当时接我的时候，我母亲没想到那边的人把我养得非常好，白白胖胖的。后来，我想一定要去看一看八路军这个育儿所是什么样子，可是我没打听着。因为当时的人为了保密，这些乳儿很多都没用

自己的真名，用了化名。

虽然我不知道我是吃谁的奶长大的，但是我想整个乳山的乳娘都是我的乳娘！她们非常非常伟大！我不能忘了她们。

我小时候就在这里住过

3 年前，我专门回乳山。我从报纸上看到说八路军的育儿所在乳山，我就赶紧开车到那里去了。我和我爱人一起去那里找，那里有很多小孩的照片，我想去看看那里的照片中有没有我，后来我没找到。

讲解员在旁边问我："你在找什么？"

"我小时候就在这里住过。"

讲解员听说后，就和乳山市党史办的同志们联系了，然后他们就过来找我。我想去找找战争年代抚养我们的那些老百姓，看看我们的乳娘，我心里一直觉得她们是非常伟大的人。战争年代，我们八路军为什么能够战胜比我们强大那么多的日本军？就是靠人民的支持！包括我们这些乳儿，如果乳娘不带我们、不抚养我们的话，我们就活不下来！全靠那些乳娘用自己的乳汁抚养我们，让我们的父母和战士官兵能够在前线奋勇杀敌！所以我很想去看看还有多少乳娘健在，想去报答她们。但我还是没看到几位。

山东我那位养父姓孙，叫孙立本（音）。他那时岁数也大了，我每年都要去帮他干活儿。每年一放暑假，我不回杭州，而是直接到山东养父母家。虽然我没吃过养母的奶，可是她也抚养了我七八年，每年我都要回去看他们，也算是一种报答吧。

在身体条件允许的情况下，我还想每年再回去一趟。我回去看看那个地方，看看那边的老百姓，跟他们说说话、聊聊天，去拜祭下乳娘们。我吃过她们的奶，我永远不能忘了她们的恩情。这是永远忘不了的情结！如果没有她们的话，我们这些孩子当时还不一定能活下来。她们不仅保护我们活下来，而且把我们养得这么好！

我争取明年再去看看，如果开不了车，就坐火车去。

邢建：

胶东育儿所的宋武所长调回烟台时，把我带回来了

邢建（1947.1— ），女，乳名翻山，出生于胶东，胶东育儿所乳儿。现居山东省烟台市。

关 系 人：

邢林（1915—1980），邢建父亲，山东省文登市人，1938 年加入中国共产党，生前曾任烟台市委副书记、市长等职。

受 访 者： 邢建

采访时间： 2020 年 8 月 6 日上午

采访地点： 山东省烟台市

采 访 者： 笔者

我的小名叫翻山

1947 年，国民党大举进攻山东解放区，是非常困难的时期。那时候兵工厂有一个口号："天漆黑，路艰险，翻过山顶是平原。"我就是在 1947 年 1 月出生的，所以我母亲给我起的小名就叫翻山。

因为我上面还有一个姐姐，我跟她相差一岁，我父母顾不上两个孩子，而且那时候奶也不够吃，所以就把我送到当地的一个老乡家里头。那时候很艰苦，我母亲隔一段时间就过去看一下。听我母亲讲，那时候乳娘家生活比较困难，我小时候很淘气，乳娘家里养的鸡下蛋了，我就趴到鸡窝里去拿鸡蛋。大概在 1950 年，我被送到了胶东育儿所。

我父亲叫邢林，他 1938 年入党，在参加革命前当过教员。抗战时期我父亲主要从事的是胶东兵工厂的创建和领导工作。胶东军区先后有九个兵工厂，我父亲亲自参与创建的就有六个。他先后在胶东军区第二兵工厂、第三兵工厂和第六兵工厂担任过厂长职务。后来又到了兵工总厂，在那里干了一段时间。

我在胶东育儿所一直待到 1952 年 7 月，那时候育儿所大多数孩子都陆陆续续被父母领回家去了。当时胶东育儿所所长宋武正好要调到烟台工作，她就把我带回了烟台。那时候我父母也回烟台工作了，我就在机关幼儿园一直待到上学。

我小学毕业以后，在烟台一中上了中学。中学毕业以后，我考上了西安军事电信工程学院，也就是现在的西安电子科技大学。军校毕业以后，先是在陕西工作了两年，后来又从陕西回到烟台，在烟台干技术工作。应该说我们这一批人就是烟台市第一批计算机工程人员，参与研制咱们国家的第一台微型计算机，后来规模大了以后，就组成集团，一直搞技术开发。我从工程师到高工，到管理部门科技处处长，后来到人事处处长，退休之前在人事处。我是2002年退休的。

因为长期没在父母身边，回家后很长时间不会叫爸爸妈妈

我从胶东育儿所回到家里的时候，不认得我的父母，我也不叫爸爸妈妈。我回来以后在机关幼儿园也是全托，宋武就在幼儿园当园长。每个周末，父母可以接孩子回家去住。每次我父母来接我回家的时候，幼儿园都规定要问爸爸妈妈好，我就是问好，不叫爸爸妈妈。因为我过惯了这种育儿所的集体生活，所以回家反而感到不自在。那时叫我父母顶多叫“大叔大姨”，就这么称呼。可能我一直不在父母身边，缺少这方面的感情吧。

就这样过了好长时间，最后终于开口了。有一次，我爸去接我，幼儿园阿姨也一直在教育我，我第一次喊“爸爸好！”从那以后回家就开始叫爸爸妈妈了。

我在幼儿园的时候，用的就是“翻山”这个名字，上学以后才给我起的新的大名。

我在胶东育儿所的时候年龄太小，印象不深。宋武所长我有印象。

王庆林：

台上村一个叫王文英的，她哺育的我

王庆林（约 1947.9—　），男，出生于胶东，胶东育儿所乳儿。现居山东省乳山市。

关 系 人：

王文英，王庆林乳娘，乳山市崖子镇台上村人。

王言贵，王庆林父亲。

王瑞美，王庆林母亲。

受 访 者： 王庆林

采访时间： 2019 年 6 月 21 日上午

采访地点： 山东省乳山市

采 访 者： 笔者

我父母都是军人，生下我要继续打仗，就把我丢下了

我叫王庆林，1947 年 9 月生人，属猪的。我父亲叫王言贵，我母亲叫王瑞美。我老家是文登的，我母亲的老家就是我现在住的地方，叫哨里村。我父亲全家都参加革命了，我爷爷、我大爷、我姑姑、我叔叔都是老革命，我爷爷、我大爷和一个叔叔在参加天福山起义时牺牲了。我姑父王亮是昆嵛山红军游击队领导人之一，《半岛烈火》是他写的。

我父亲是部队干部，我母亲生我的时候在部队上，我出生以后，我父母还要去打仗，就把我送到崖子镇台上村王文英家，她家是烈属，她哺育的我。她还有一个儿子、一个女儿，我母亲就把我交给她了。我在乳娘家住了两年多，部队就把我们这些散放在村子里的小孩全部集中起来，我就上腾甲庄那个育儿所里了。

1952 年左右，我父母在部队找了一个通讯员，把我从山东领到了上海。我在上海住在托儿所里边，之后又上了小学。

1959 年，我在学校念到三年级的时候，我姥姥来了。那时候家里孩子多，兄弟姐妹六个，我是老大。我姥姥就说："那么多的孩子，我给你领一个养吧？"

我父亲说："行啊，叫他到农村去锻炼锻炼吧！"

这样，在 1959 年 9 月，我姥姥就把我从上海领到了山东农村，就是我现在住的这个哨里村，当时把我的户口也带过来了。从那时候起我就在

姥姥家，一直到现在再没回去，其他五个兄弟姐妹现在都在广州。

知足常乐，与家人关系融洽

有好多东西不能从头再来，所以我就在农村了。1991 年，我凭借自己的力量考上了公办教师，干了 37 年，我也挺满意的。

我结婚的时候，领着我爱人上广州去结的婚。家人们也挺高兴的。我每年过年去一趟，一家人高高兴兴在一起。我的兄弟姐妹全都在广州，就我自己在这儿。因为这个村全部姓王，我父母也都姓王，所以他们都把我当成这个村的人。这个村是我姥姥家，我的老家在文登昆嵛山。

我父亲去世那年，来的电报，我马上赶回去了。我母亲病的时候，我和兄弟姐妹伺候了 100 多天，一起把老母亲送走了，我才回来。

我的兄弟姐妹关系融洽，他们对我也是很尊重的。我现在生活在农村，觉得挺幸福、挺满足的。

我永远忘不了我老妈（乳娘）

1959 年，我从上海回来后，第二年我就找到我的乳娘了。

我乳娘比较好找，互相都有亲戚。我回到姥姥家之后，正好快过年的时候，别人告诉我说你的乳娘还在家。我一听，就跟我姥姥说我要去看看。姥姥说好！给我准备了饽饽，我拿着饽饽就去了。到了一推门，领我那个人就说："你奶的那个孩子回来了！"她看了我一眼，哇地哭了，过来就抱着我。

我叫王庆林，大家都叫我"庆林"，但是她叫我"林庆"，她把我名字颠倒过来了。她说："这不是林庆吗？"过来抱着我就哭。我说："我叫你

‘姨姨’吧？”她说：“你别叫我‘姨姨’，你叫我‘老妈’。”她就像见了自己的孩子一样，哭得啊！我以后就改口叫她“老妈”，她高兴坏了。

我感到这是一种母爱！我很感动，好像又见到了自己的另一个母亲。以后每年过年我都去看她，大概五六年以后，我这个老妈跟着她女儿上了新疆，我再也没看见过她。

我母亲生了我，因为打仗，就把我送给了这个母亲，是这个母亲，我这个老妈奶的我。如果没有这个母亲的话，我还不知道能不能生存下来，所以我永远忘不了她。我说下一辈子我还找她给我当妈。我母亲给了我生命，乳娘延续了我的生命，了不起。

儿时的利会

电影《战争中的母亲——胶东乳娘》资料图

利会：

妈妈说，给她起个名字叫利会吧！胜利以后再来会见

利会，约1945年出生，现名李丽惠，父母姓名不详，有记载父亲叫吴钊（或吴剑），亦有记载母亲叫吴钊（或吴剑）。胶东育儿所乳儿。现居山东省烟台市。

受 访 者： 李丽惠

采访时间： 2019年9月18日上午、9月19日上午

采访地点： 山东省烟台市

采 访 者： 笔者

我爸爸妈妈可能是东江纵队过来的

我妈妈还没生我的时候，就联系了胶东育儿所。我妈妈在胶东的部队医院生下我之后，由胶东育儿所巡视员于淑珍阿姨陪同我妈妈，抱着我，送到了提前找好的河东村一个姓王的乳娘家里。临走的时候，我妈妈跟于阿姨说，给她起个名字叫利会吧，就是胜利以后再来会见，并且通过于阿姨给了乳娘一双胶鞋作为信物。从此以后，她就回部队了，也造成了我们母女两个终生的离别。(哽咽)

我一周岁以后，被胶东育儿所接回去了。我爸爸只登记有一个名字吴钊，其他信息都没有。

因为胶东育儿所的登记信息不是很完整，再加上 1947 年国民党进攻胶东的时候，每个阿姨领着三四个孩子跑到大山里去躲避，那时候的档案材料都没有了。

我刚参加工作的时候，就想知道自己的身世。我的养父母不是我的亲生父母，我想知道我的亲生父母是谁。我们育儿所那么多小朋友都找到了自己的爸爸妈妈，唯独我们这几个部队的遗孤不知道根在哪里。我的祖籍究竟在哪里？假设父母都牺牲了，那我的其他亲人都是谁？有没有亲人？我想知道。

胶东育儿所所长刘志刚，还有于淑珍阿姨，她们说我大概是 1948 年生人，但是都不确定。又说我可能是东江纵队过来的，东江纵队是 1946 年到胶东来的，所以我大概就是 1946 年到 1948 年之间出生的。我做梦也想我的妈妈，我听有的阿姨说我妈妈是个南方人，可能是东江纵队过来的，她是个文化教员，长得也很漂亮，小巧玲珑。

我通过写信联系到胶东育儿所刘志刚所长，我要她帮助回忆一下我父母的情况。刘志刚阿姨给我回信说："胶东育儿所有两个丽惠，一个大丽惠，全国解放以后叫她爸爸领到上海去了，还有一个小丽惠是1948年生人，这个小丽惠就是你吧？你最好过来一趟。"刘志刚所长那时候退休转业到了兰州，她就邀请我，叫我过去。我那时候刚参加工作，又在养母家，还不敢明目张胆去找我的亲生父母，所以我就没去。再以后就赶上"文化大革命"了。这是第一次寻亲。

再后来刘志刚阿姨的儿子给我写信说，他妈妈去世了，我心里感到太遗憾了，而且我也非常想念刘志刚阿姨。

人家都有爸爸妈妈，我怎么没有爸爸妈妈

在我的记忆里，育儿所就是一个很大很大的庄园，里面有好多房子，还有个二层楼。有一次我们出去玩的时候，从二层楼上掉下来一只小家雀，我就把它捧在手里，挺可爱的，小朋友都围过来看。吃饭的时候小朋友都争着给它喂食，我们都挺快乐的。

育儿所周围有条小河，河水挺清的，河边有大树。有时候阿姨领着我们排着队从育儿所大门出去，到小河里戏水，再一个就是抓小鱼。有时候还领着我们上山去采花、捉蚂蚱，我们都很开心。

可以这样说，我在育儿所里感到非常幸福、非常快乐。前方打仗的战利品战士们舍不得吃，都送给我们小孩吃，像葡萄干、鲢鱼等，都调给我们吃，我们非常高兴。我们育儿所里玩游戏，我当时演小红帽，还有青岛爱利姐，她叫宋玉芳，在胶东育儿所叫她的小名爱利，她演外婆，尹林山

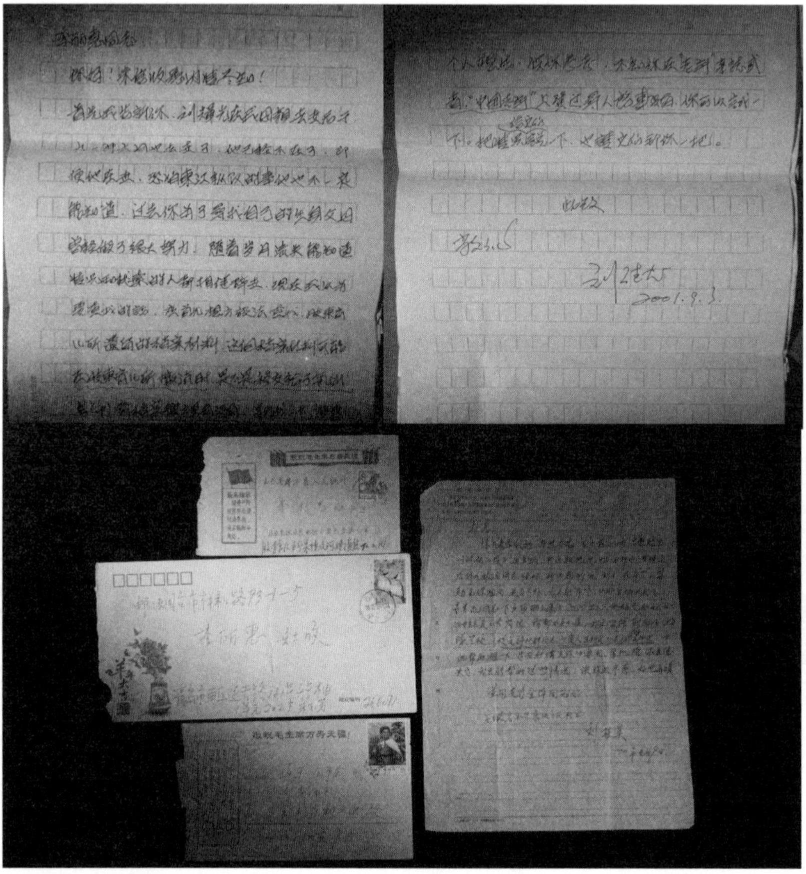

李丽惠寻亲信件

演大灰狼。

在育儿所的时候，阿姨们为了鼓励我们做个好孩子，经常发奖品，有小刀、铅笔、橡皮和本子，也有梨、苹果、葡萄、花生之类的，我就挑本子和笔，这个我记忆非常深。我和邢老师关系特别好，后来她调到南京军区了，我都哭了，我真是舍不得她走，这个我记忆很深。

等到全国解放以后，从 1951 年开始，全国各地的父母陆续都来把自己的孩子领回去了，胶东育儿所还剩下十几个孩子。因为以前我对爸爸妈妈一点儿概念都没有，后来陆续又有几个孩子被领走了，最后就剩下我们这几个。我就眼巴巴地觉得我有没有爸爸妈妈？我的爸爸妈妈为什么不来领我？当时我就有这个感觉。后来我看了《啊！摇篮》这部电影（电影插曲《马背上的摇篮》），那个延安保育院也是全国各地解放以后去领孩子，我觉得我就像其中的那个孩子一样。当时我心里很难受，我觉得我没有爸爸妈妈了，没人管我了，我就呜呜地大哭。后来我被养父母领走了，我养父母当时都是胶东的干部，他们没有孩子，就领养了我。我高中毕业以后，就让我参加工作了。

我特别留恋胶东育儿所的小朋友，他们就是我的亲兄弟姐妹，我特别想念胶东育儿所的叔叔阿姨们。胶东育儿所就是我成长的摇篮，我感恩胶东的人民养育了我。我到现在都会唱育儿所的儿歌：

嘀嘀小喇叭，嗒嘀嗒嘀嗒，
打起小铜鼓，咚隆咚隆响，
手拿小刀枪，出发，杀敌。

还有“弟弟疲倦了，眼睛小，眼睛小，要睡觉，妈妈坐在摇篮边，把摇篮摇……”

我不知道我哪年哪月出生，我把国庆节这一天视为我的生日

为了寻亲，东北我去过沈阳、大连，再就是江苏南京、安徽，还有广东、新疆等地。山东省的主要城市，烟台、青岛、济南，特别是胶东周围的一些县（市、区）我都跑遍了。我走遍了大江南北，基本上我能去的地方都去，去不了的地方我就打电话、发邮件，都有联系。

因为我觉得胶东部队的行踪，档案馆应该有历史记载，所以我就到各地的档案馆去查，但是没有查到跟我父母相关的有效信息。

我寻亲 50 多年了，我爸爸妈妈是谁，我的家乡在哪里，我的出生年月日是哪天，这些最基本的我都不知道，我感到非常遗憾！我终生最大的一个愿望、最大的一个梦想，就是想知道我的爸爸妈妈是哪里人，我还有没有其他亲人。但是茫茫人海，找到确实很难很难。

后来通过寻亲，我了解了许多抗战时期的故事，也了解了许多革命前辈的故事，虽然到现在我还没有找到我的亲生父母，但是能把这段历史、这段故事挖掘出来，我心里也非常欣慰。军民一家亲，能把这段历史展现出来、宣传出去，把乳娘精神一代一代地传承下去，这也是我的愿望，我

马石山烈士陵园　　电影《战争中的母亲——胶东乳娘》资料图

觉得我的努力没有白费。

每年清明节的时候，我都要到烈士陵园给一些无名烈士献花。每年国庆节的时候，我就特别想念我的爸爸妈妈，为了新中国的诞生，他们把我交给了胶东乳娘，所以我就把我的生日定在了国庆节。有时候人家问我家是哪里的，我就说，祖国到处都是我的家。（哭）

意外找到了司晓星的乳娘姜明真

我一边寻找我的父母，一边寻找我的乳娘。因为我妈妈跟我分别的时候，把我交接给了乳娘。于是我在报纸上发表了我寻亲的信息，就有小伙伴们来找我了，有徐永斌、宋玉芳、段桂芳等。大概在 2002 年，我到河东村去了，但是我的乳娘已经去世了。

那天夜幕降临的时候，我们到了凤凰崖村，村干部领着我们去了乳娘姜明真的家，印象当中她这个院子挺大的。她觉得是她养的那几个孩子来找她了，就问："是不是福星回来了？"我说："阿姨，我们不是福星，我们是来看望你的。"她接着说："哎呀，我给八路军养了四个孩子，现在一个也看不见，我真想他们，哪怕在我临死之前能见一面也好，不知道他们现在过得好吗？"

那天我真感动，因为我事先从档案里知道姜明真的事迹，她为了保住福星牺牲了自己的孩子，所以我特别崇敬姜明真阿姨。当时我就觉得，乳娘太伟大了！为了革命，她们无私地奉献，从来没有考虑到自己，就想着怎样把解放军的孩子圆圆满满地交给人家才安心，她就是这么个心情。

当时我看到姜明真阿姨生活挺困难的，我们寻亲也没带多少钱，也就是三百五百地拿出来给姜明真阿姨。姜明真阿姨个子不高，后背稍微有点儿弯，穿件旧棉袄，棉袄上还有补丁，我就觉得她很辛苦。我觉得这些乳娘作出了巨大的贡献，她们都是功臣，她们的功绩不应该被埋没！

后来等司晓星找到姜明真家的时候，姜明真已经去世好几年了，她非常后悔。因为姜明真乳娘的旧坟很简单，司晓星、我和当年的几个小朋友就出钱一块儿给她修了个墓。这几年清明节我们都去给她扫墓。每一个乳娘都是我们这些人共同的乳娘。

因为我寻亲寻得最早，在寻亲过程中我也见过于致荣的乳娘，那个时候她还没去世，我有一年也去看望过她。那些年只要能找到的保育员和乳娘，我都去看了。

虽然我的爸爸妈妈一直都没有音信，但是我寻亲这么多年，帮助过我的人也很多。网上也有给我来信的，那时用博客的人多，有不相识的朋友，也有老干部、老红军、老党员，他们都对我非常热情，想尽一切办法帮我查找，让我非常感动。他们提供了很多线索，虽然是一次次的失望，但我还是觉得有成绩，起码我努力了！

李丽惠（2022 年 7 月）

于致荣：

我母亲哭着告别，从此以后再没音信了

于致荣（1948.2— ），女，乳名振勇，胶东育儿所乳儿。1949 年 8 月入住胶东育儿所，现居山东省青岛市。

关系人：

乳娘王水花（1930.6—2014.4），山东省烟台市牟平区前垂柳村人，哺育乳儿于致荣 3 年。

受 访 者： 于致荣
采访时间： 2019 年 11 月 5 日下午
采访地点： 山东省青岛市
采 访 者： 笔者

母亲送我到乳娘家的时候，穿着灰军装，那时我才出生 40 天

我叫于致荣，原来在育儿所的名字叫振勇，这是父母给我起的名字。我出生于 1947 年腊月二十二，也就是阳历 1948 年 2 月 1 日。1955 年育儿所解散以后我到了养母家，1964 年参加工作。

我的出生地我不清楚，只知道我的亲生母亲把我送到了乳娘王水花家里。因为当时华东军区和华中军区合并在一起了，部队过来以后还没来得及换军装，所以我母亲带我到乳娘家的时候，就穿着灰军装，那时我才出生 40 天。

我的乳娘在牟平垂柳村，当时才 19 岁，她的孩子刚刚夭折。她当初是 12 岁以童养媳身份到的韩家，她 17 岁的时候，跟韩家爸爸结婚了。1947 年正月，韩爸爸就参军去了前线。我乳娘当时怀孕只有几个月，6 月我乳娘的孩子出生了，到了 1948 年正月，我乳娘的孩子就夭折了。后来我和我母亲到了她家里，我母亲在她家里住了五六天。因为她的奶已经回去了，我母亲给她买了一对猪蹄子熬汤，她又有奶了。

一天半夜，部队路过，我乳娘说，那个部队在路边坐着休息，看不见头，也看不见尾，进来一个干部叫我母亲，我母亲一边哭一边走。我乳娘说：“你放心好了，我一定给你养好了。你到了地方安定下来以后，捎个信给我，我送给你看看孩子。”我母亲光哭，就那样分别了，从此以后再没音信了。

我在乳娘家里的时候，爷爷奶奶、乳娘都给我无微不至的关怀。以前的时候妇女生了孩子，一样得下地干活儿，自从我去了以后，爷爷奶奶都不让乳娘去干活儿。家里有什么好吃的都给我，把我养得白白胖胖的，好多人羡慕，说看看这个八路军的孩子养得这么好。我刚会走的时候，家里养鸡下个蛋，包括爷爷奶奶从来不舍得吃，都给我吃了，全家人对我特别好。

我乳娘长得很漂亮。我当初有张乳娘抱着我出生 100 天照的照片，乳娘披着长长的头发，穿着大褂。我乳娘心地非常善良、非常勤劳，手也很巧，在村里没有人不说她好的。

百日时的于致荣与乳娘王水花合影

1969 年，于致荣找到乳娘王水花时的合影

1949 年 8 月我断奶以后，育儿所工作人员就到乳娘家去接我。爷爷说什么也不给，因为韩爸爸到前线去了，也不知道是牺牲了还是活着，生死不明，而且他的孙子又夭折了，所以他对我特别宝贝，舍不得，说什么也不让领走。最后育儿所工作人员说："大爷，这个孩子是公家的孩子，咱早晚得给他爹妈。"爷爷说："等到他爹他妈来了，我亲自给。"

育儿所没办法，就去找了村干部，最后说服了爷爷，这才叫我上了育儿所。爷爷在后头都哭了，一直跟了好几里地。我乳娘后来也病了。那时候我在田家村育儿所，爷爷一开始还天天去看我。

爷爷奶奶去世的时候都念着我的名：致荣，致荣。韩爸爸后来又参加了抗美援朝，1955 年回来以后，他们先后生了六个孩子，三个女儿、三个儿子。

有人告诉我乳娘说，你当初抚养的八路军孩子来了

育儿所解散后，我被安排到养父母家。1960 年，我养父去世以后，我就开始寻找我的亲生父母。在寻亲的过程中，找到了许多阿姨，包括烟台的姜书民阿姨。姜书民阿姨告诉我："牟平垂柳村有你的乳娘。"

1969 年春天，我到了垂柳村。到那里以后，我下车打听："这个村里有没有当初养过八路军孩子的人家？"

当时村里的老百姓就告诉我："就这家！"

有人就赶快跑到我乳娘家去告诉她说："你当初养的八路军的孩子来了！"接着我乳娘就从家里满脸都是泪地跑了出来迎接我！村里的老百姓里三层外三层，整个就把我乳娘的那个房子围起来了。我乳娘见了我以后，就一个劲儿地哭，把我领进家里，然后我在乳娘家住了 3 天。

我乳娘介绍说，我母亲是江苏人，当时年龄在二十二三岁，穿的灰军

装，头发很短。当时我母亲告诉她说我父亲姓张（音），她姓毕。说我出生在 1947 年腊月二十二。我乳娘说："当初你妈也没办法，她从早晨一直哭到晚上，到走的时候一直在哭。她不得不把你放下，没想到你再也没找到你妈。如果知道你没有被父母领走，我就去把你领回来了。"

我乳娘家的妹妹跟我说："姐，妈对你比对我们好！"我说："我知道。"每次我去了以后，我乳娘就让我上炕暖和暖和。走的时候一个劲儿地给我拿东西，我觉得虽然我没有找到自己的妈妈，但是我能感到母亲的温暖和母亲的爱，所以乳娘和我的感情特别深。

我乳娘是 2014 年 4 月 22 日早晨 4 点钟去世的。去世了以后，家里人给我打电话，我那天也没开机，一直到 9 点开机以后，发现怎么给我来这么多电话，打电话回去问，兄弟告诉我说妈去世了，你能不能来？我说能来！我确实很想念她。

我每次回乳娘家，就觉得回到了我自己的家，我可以随意地在娘家伸伸腿，想躺就躺，想坐就坐。那个炕烧得很热，我乳娘找个垫子给我垫着。我自己就觉得很随意。我弟弟也说："你躺着吧，我上果园子给你去摘点儿苹果。"

我乳娘那边是山区，有柿子，特别是秋天去了以后，我乳娘揽（去除柿子的涩味）的柿子特别好吃。等我走的时候，每次都给我拿那么多柿子，还给我送到车上，让我感到很温暖。

虽然我没找到亲生父母，但我还是很幸运，我找到了乳娘。我不知道母亲的爱是什么样的，但是乳娘让我体会到了母亲的爱，我觉得乳娘就是我的母亲，她也把我当成她自己的孩子。我从心里觉得她是我的母亲，母亲就是她这个样子。

胶东育儿所资料

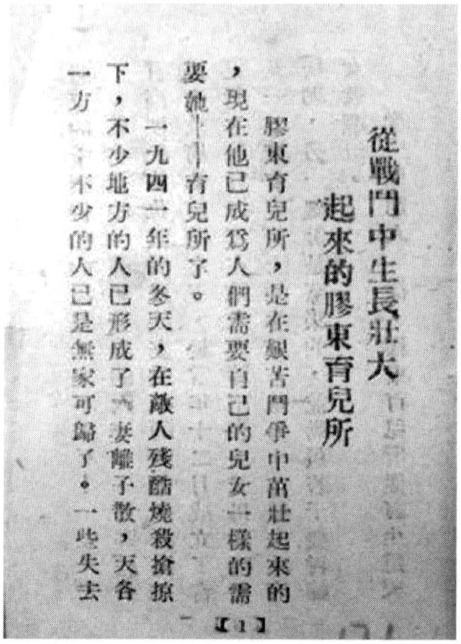

從戰鬥中生長壯大起來的膠東育兒所

膠東育兒所，是在艱苦鬥爭中茁壯起來的，現在他已成爲人們需要自己的兒女一樣的需要她——育兒所了。

一九四二年的冬天，在敵人殘酷燒殺搶掠下，不少地方的人已形成了妻離子散，天各一方，[illegible]不少的人已是無家可歸了。一些失去

【1】

电影《战争中的母亲——胶东乳娘》资料图

离开了以后，才知道这里才是天堂

在育儿所的时候，叔叔阿姨们对我们无微不至地关照，早晨都是集体起床，阿姨教给我们怎么刷牙洗脸，个人用个人的小牙缸、小牙刷。吃饭的时候都是在一个小桌上，阿姨一个一个小碗给我们添。反正生活非常好。阿姨教我们唱歌、跳舞，经常到河边去玩水。院子里头也有很多玩具，有木马、秋千、高低杠、小滑梯，边上种了很多花草。到冬天的时候，院子里大长条的坑里头埋了些莲蓬，用来做粥或者做馒头，我们这些小朋友进去偷吃生的莲蓬。再后面有个小二层楼，我经常上去，叔叔就给我一小盒葡萄干，生活条件确实好。阿姨白天黑夜为我们值班，我们睡两排小床，过得特别幸福。离开了育儿所以后，才知道这里才是天堂。

笔者与于致荣（左）（2022 年 7 月）

当时我记得和小朋友在一块儿玩游戏，一块唱歌、跳舞，上课、下课。病了的时候，有一次，我腿疼，有个阿姨把我背到了卫生室里。医生要切个小口，跟我说："你看外面一个小鸟，你看！"我就这么一看，他就切出来一些脓血。我光觉得疼了一下，就拿了块纱布给我盖住了，说好了好了！不疼吧？当时在育儿所里头确实幸福，什么也不用想，一切都有阿姨。我就觉得育儿所是我小时候幸福的天堂。

我寻亲最关键的应该说是我的贵人。第一个贵人是姜书民阿姨，她给我提供了乳娘的信息。第二个贵人是我乳娘，她为我提供了我父母的信息，让我知道我妈妈是什么样子。当我知道我爸爸妈妈都是军人以后，我就不恨他们了，我觉得他们有可能牺牲了，所以不能来领我。

我有时候就有很多想象，我爸爸妈妈是牺牲在济南，还是牺牲在淮海？还是牺牲在南方？最后我想是不是牺牲在朝鲜战场啊？

云光：

我的父亲叫吴影，母亲叫吕婷

云光，现名刘春英，约1948年阴历八月初一出生。一直未找到亲生父母。胶东育儿所乳儿。1949年入住胶东育儿所，现居山东省海阳市。

关 系 人：

吴影，云光父亲，军医，其他信息不详。

吕婷，云光母亲，护士，其他信息不详。

受 访 者： 云光

采访时间： 2020年8月8日上午

采访地点： 山东省乳山市

采 访 者： 笔者

她叫云明，我叫云光，名字有关联，母亲的名字也有关联

我叫刘春英，2015年我到胶东育儿所去，查的资料上显示我的名字叫云光，是我父母给我起的名字。我的母亲叫吕婷，是名护士。父亲叫吴影，是名军医。在资料里，我又看到一个云明，云明的母亲叫吕波。她叫云明，我叫云光，两个名字有关联，云明的母亲吕波和我的母亲吕婷名字也有关联，她们应该是姐妹俩，而云明有可能是我的亲人。但是云明的父母也找不到，我们的父母是牺牲了还是没牺牲，都没线索。

资料显示，我可能出生在1948年，我和云明是1949年到的育儿所。1955年育儿所解散前，政府给我们九个小朋友连续登报让亲生父母来领，也没人来。后来就安排人领养，当时要求的是有条件的家庭才能领养，但是领养以后，如果亲生父母找到了，一定要把孩子还给人家。

大概是1956年，我的养父领养了我，那年我7岁。

当时育儿所阿姨跟我说："你这个爸爸来领你回家了。"我挺高兴的，因为所有的小朋友都回家了，我也要回家了，就跟着来到了养父家。

我在养父家一直长到十几岁了，我听村里人议论我说，你看井玉梅（音）领的这个小闺女挺好看的。我的养母叫井玉梅，那时候我才知道自己是被领养的，养父母不是我的亲生父母。但是我的养母对我挺好的，跟我的亲生妈妈也不差什么。

以前我养父在县里，后期转到食品部门去工作了。我养母是农村的妇女主任，在村里算是条件好的。我的养父母没有生小孩，就把我领回来了。我养父母对我很好，可是后来我养母去世了，我养父又给我找了个继母，那年我 17 岁。我跟继母一起生活了 4 年，我 21 岁就结婚了。结婚以后，我又得看小孩，又得挣工分，没有精力也没有时间去考虑找我的亲生父母。

按理说我的父母是医生和护士，主要是在后方救护伤员，一般不会牺牲。但是解放以后，别人的父母都把自己的孩子领走了，他们是什么情况呢？他们不知道把自己的小孩丢哪去了吗？

云明也说根据在育儿所登记的这个名字，我们可能是表姊妹，我们有一个能找到父母的话，就都找到了，但是都没线索可以找。

云光（左）和云明（右）　　电影《战争中的母亲——胶东乳娘》资料图

云光（刘春英）向笔者介绍胶东育儿所大合影照片

笔者与云光（刘春英）（左）合影
(2022 年 7 月 11 日)

我想在有生之年找到自己的亲人

我最大的愿望就是知道自己是哪里人，我的亲生父母还在不在，我是不是还有别的亲人。因为我都 70 多岁了，我想在有生之年找到自己的亲人。我觉得那个年代不可能一家只有一两个孩子吧？我总觉得我还有兄弟姐妹。

有时候我想，我的亲生父母有可能也在找我，他们不知道我在这个村子里生活。他们找我最大的困难可能就是我现在在农村，我真希望他们也在找我。我真希望哪天一开门，就有亲人找过来了。

我结婚以后，有两个小孩，一个儿子、一个女儿。我 49 岁那年丈夫去世了，后来我又找了一个老伴，这个老伴有一个儿子。我平常没事，弄着毛线编线头，编线头一天连 30 块钱也挣不上，收入不高。

我父母都是为了革命，才把我放在育儿所，我不知道他们是生是死。如果牺牲了，他们都是烈士；如果没牺牲，我也想知道他们在哪里，我的根在哪里。

云明：

我父亲叫于同德，母亲叫吕波

云明，胶东育儿所乳儿，原名于云明，现名刘云明，约 1948 年阴历八月二十五出生。胶东育儿所乳儿。1949 年入住胶东育儿所，现居山东省淄博市。

关 系 人：

于同德，云明父亲，其他信息不详。

吕波，云明母亲，其他信息不详。

受 访 者： 刘云明

采访时间： 第一次在 2019 年 9 月 21 日，第二次在 2022 年 7 月 9 日

采访地点： 第一次在山东省乳山市，第二次在山东省淄博市

采 访 者： 笔者

我原来叫于云明，因为我亲生父亲姓于，叫于同德

我 1948 年出生，我现在的名字叫刘云明，我原名是于云明。当年《大众日报》寻人启事上记载，我是 1948 年出生，1949 年入育儿所的。到 1955 年育儿所解散的时候，我被现在的养父母领养。

育儿所解散的时候，我们这些孩子都交给了当地有工作的、家庭条件比较好的人家抚养。我养父当时在乳山县委宣传部工作，我养母在乳山供销社工作。

当时我从育儿所出来的时候都 7 岁了，已经有记忆了。

那是 1955 年夏天，当时腾甲庄旁边有条小河，小河的水特别清。阿姨领着我们到那儿玩，玩到大概三四点钟的时候，阿姨带着我们回到了育儿所。

在育儿所的大厅里，我现在的养父母就坐在那里。阿姨介绍说:“云明，这是你爸爸、你妈妈，他们来接你了。”我一直在育儿所长大，也不知道什么是爸爸妈妈，就跟着养父母回家去了。

后来他们一直把我抚养大，他们对我还是挺好的，供我上学。那时候我养母说:“你只要是能上学就尽量上，我供你上。”我一直上到中专，中专毕业以后分配在四川一个水泥厂工作。1975 年，我的养父通过亲朋好友，把我调到齐鲁石化第二化肥厂，在化验室工作。我退休以后基本上在淄博居住。

我和老伴 1971 年结婚，我们是同班同学，学一个专业，毕业以后一

起分在了四川，又一起调回齐鲁石化。我现在有两个儿子、三个孙女。

我的养母曾经说过，我就生在崖子村，我的小名叫小宝。具体是不是真的，我就不太清楚了，因为我也没法去查。

育儿所就是我的家，我不知道还有另外的家

我们在育儿所长大，把照顾我们的阿姨都叫大姨，大姨对我们很好，就和爸爸妈妈一样。那时候我们没有爸爸妈妈的概念，就以为大姨就是妈妈。育儿所就是我的家，我不知道还有另外的家。

小朋友都玩得很开心，睡觉的时候大姨给我们唱摇篮曲，我们盖的小被子都有大姨们给绣的名字。我后来跟着养父母走的时候，被子、褥子、衣服都给我带上了，被子上有大姨用红线绣的“云明”，这个我印象比较深。

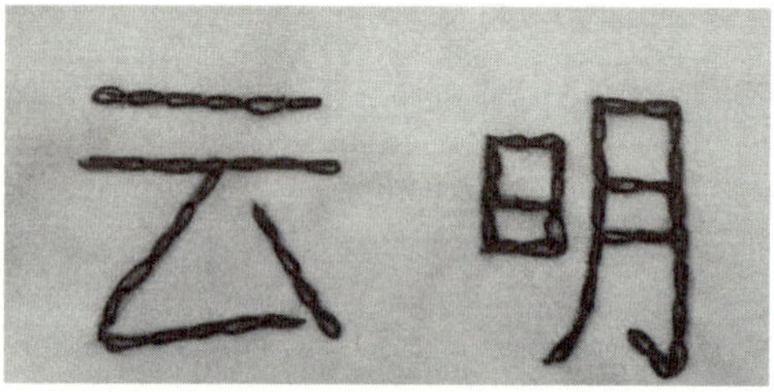

胶东育儿所被褥上的名字

大姨对我们都很体贴，照顾得很好。我还记得下午孩子们都睡醒觉起床以后，大姨领着我们到小河边去玩，光着脚到河里头去凉快，玩水。回来以后孩子们都在一起吃饭，我们干啥都在一起，也经常做游戏，围一圈丢手绢。这些我都记得比较清楚，但是因为我在育儿所算是年龄很小的，对其他事情只是模模糊糊有点儿印象。

有一次六一儿童节，阿姨组织我们照相，小班的孩子都在前面，中班在第二排，大班在后边一排，再后边就是阿姨。我是小班的，坐在中间，阿姨在地上给我们铺了布。宋玉芝是宋玉芳的妹妹，她坐着小板凳。我还在那儿抠手，老师给拍了照片。

1953 年胶东育儿所全体合影（前排左五是刘云明）

我给徐州民政局写信，民政局查了后给我回信说查无此人

我从育儿所出来以后，我们家的一些邻居和亲戚曾经说过，说我是育儿所出来的，说我亲生母亲叫什么，父亲叫什么，再加上我自己也有模模糊糊的记忆，我就想知道我的亲生父母是谁。但是因为我养母身体不好，我也不敢问她，不敢刺激她。

我养母身体好了以后，我也曾经问过她。我问她我的亲生父母究竟上哪儿去了，她告诉我说，我亲生父母叫于同德和吕波，他们 1949 年南下了，过长江的时候，听说船沉江了，都牺牲了。后来我又听别人说我的亲生父母在徐州一带，1960 年左右来找过我，但当时可能了解到这个养母

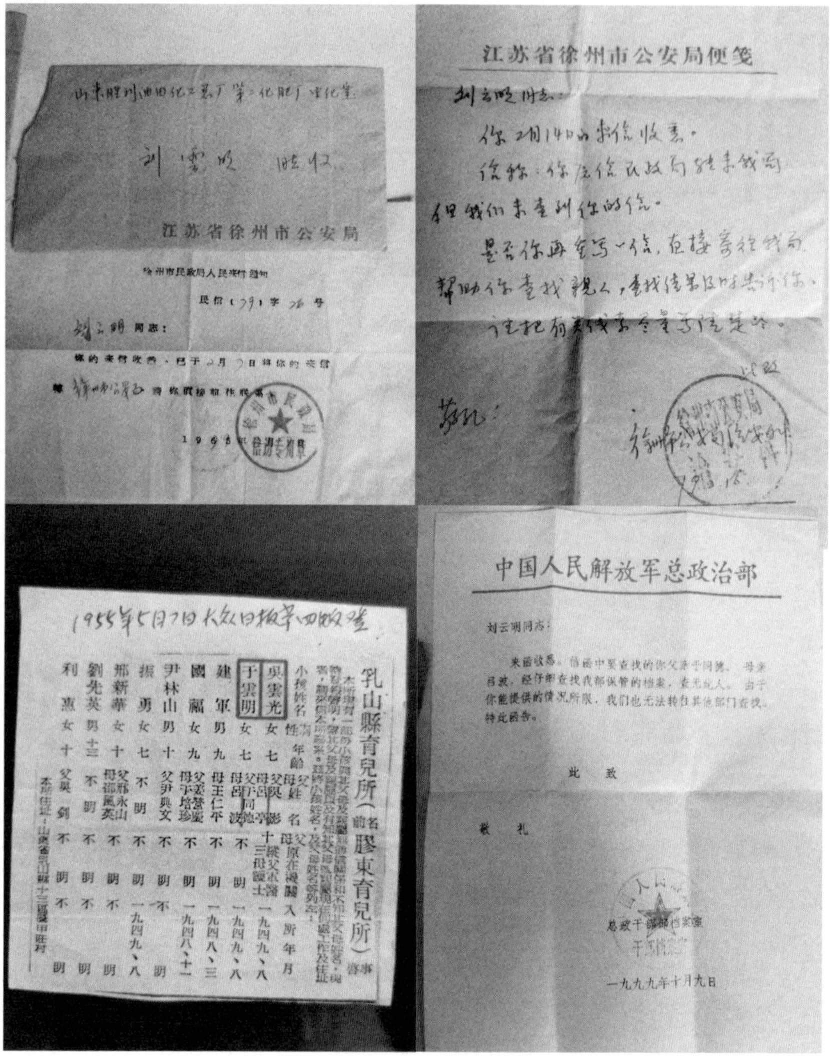
江苏省徐州市公安局
江苏省徐州市公安局便笺
乳山縣育兒所（前名膠東育兒所）啓事
中国人民解放军总政治部
刘云明同志：
来函收悉。信函中要查找的你父亲于同德、母亲吕政，经仔细查找我部保管的档案，查无此人。由于你能提供的情况所限，我们也无法转往其他部门查找。特此函告。
此致
敬礼
总政干部部档案室
一九九九年十月九日

刘云明寻亲资料

身体不好，就有人说我已经死了，所以就没找着。

我参加工作离开了养父母以后才开始寻亲。因为我曾经听说我的亲生父母在徐州一带，于是我就给徐州民政局发过信，民政局也很负责任，查了后给我回信说查无此人。

我结婚后因为要工作还要带孩子，我爱人一有空就帮我到各地去寻找线索。他还找到过刘志刚所长，刘所长亲口跟他说，我们进育儿所比较晚的这几个孩子，父母都属于军队的干部，大都是南下了。因为南下带不了孩子，只能把我们送到育儿所。

我爱人曾经去过广东、北京、上海、南京这几大军区。后来我爱人亲自去烟台档案馆查，查到了 1955 年《大众日报》刊登的寻人启事。《大众日报》在 1955 年 5 月的 7、8、9 日，连着登了 3 天寻人启事。我爱人一张一张地翻，把报纸想办法复印下来，拿回来给我看。我看到真是和我亲生父母的名字一模一样。这些信息和我们之前了解到的情况基本吻合，因为我养母也告诉过我我的亲生父母叫什么，他们可能是华东野战军第十三纵队的，但是我找不到他们。

她妈妈叫吕婷，我妈妈叫吕波；她叫云光，我叫云明；我们可能是亲人

通过《大众日报》这个寻人启事，我发现有一个孩子和我应该有亲属关系。因为她的母亲叫吕婷，我的母亲叫吕波，这个女孩和我同岁，她也是 1949 年 8 月来到育儿所的。而且她叫云光，我叫云明，俺们这两个名字后头“光”“明”这两个字也能连起来，所以我总觉得我们有什么亲属关系，我们两人的母亲有可能是姐妹俩。

后来我在寻找亲人的时候，一直也把她连在一起寻找，我总觉得能找

到吴影和吕婷，应该就能知道我父母的情况吧，但是都没找到。

后来我找到了云光，她 2015 年的时候曾经上乳山去查过这件事，她也在找我。据我们后来了解的情况看，她的生日和我就差 20 多天。她大概是 1948 年阴历八月初一出生，我是 1948 年阴历八月二十五出生，再加上她叫云光，我叫云明，我更觉得我和她有什么联系。云光现在在农村，她养父当时是乳山县邮电局的一个干部，她养母当时是农村的一个妇女主任，后来她的户口跟着养母回了农村，所以她一直在农村。

我跟云光联系上以后，我上她家去了，我也接她到我家来住了几天，我把她当成自己的姐姐。

刘云明寻亲资料

我曾经挨个烈士陵园去寻亲

我后来和烟台的李丽惠联系上了，李丽惠也一直在寻亲。当时李丽惠联系了四个乳儿。这四个乳儿都是1955年育儿所解散的时候剩下的孩子：一个是李丽惠，一个是我，还有于致荣、高建军。我们四个联合起来到乳山寻亲，从乳山到威海，也一起去烟台。我记得我们一起到过姜明真阿姨家，那时候姜明真阿姨还活着。

大概是2001年或者是2002年，我和李丽惠去了姜明真阿姨家。姜明真阿姨的脸有点儿圆，那时候也得七八十岁了，挺热情地接待了我们。但是姜明真阿姨也搞不清我们父母的情况。

我们寻亲的目的就是寻根，起码知道自己是哪里出生的，是哪里人。虽然父母从小把我们留在了乳山，但我们也是理解的，父母毕竟是为了南下革命，那个年代没办法。如果能找到的话，我们就想尽尽孝；如果找不到，我们也得到他们的墓前去看看他们，哪怕是献上一朵鲜花也是个安慰，这是我们做儿女的应该做的。我估计他们不一定在世，但是如果有兄弟姐妹，看看兄弟姐妹也行。

我老伴儿还去烈士陵园帮我找线索，他帮我分析，说我父母到南方牺牲的可能性比较大，两个人可能都牺牲了，也可能有一方牺牲了，另一方又重组家庭，但是并不知道在胶东还有个孩子，这种可能性也有。这里面好多情况比较复杂，像是大海捞针一样。

冷传杰：

我就是育儿所最后剩下的那九个孩子之一

冷传杰（约1948— ），1949年入住胶东育儿所，乳名克平，胶东育儿所乳儿。父母信息不详。现居山东省乳山市。

受 访 者： 冷传杰
采访时间： 2020年8月8日晚
采访地点： 山东省乳山市
采 访 者： 笔者

我在育儿所的乳名叫克平，我父亲应该是南下时牺牲了

我叫冷传杰，我在育儿所的乳名叫克平。我就是育儿所最后剩下的那九个孩子当中的一个。我离开育儿所的时候已经 8 岁了。我的父亲姓什么、叫什么，长什么模样，我一概不知。有很多在育儿所工作的大姨告诉我说，我的母亲叫滕吉花（音），她是 1948 年带着我到的胶东育儿所，她当时登记的（籍贯）是掖县。我父亲南下时牺牲了，育儿所的领导告诉我母亲这个消息后，我母亲悲痛地离开了育儿所，把我撂在了育儿所里头。这个情况是当初胶东育儿所后勤股股长、老家是井子村的冷希武写的材料里提到的。他告诉我，我母亲 25 岁那年生下的我，她离开育儿所的时候还给他老婆做了双鞋。当时我母亲在胶东育儿所后勤工作，是做鞋的。但是我查了一下资料，育儿所制鞋组没有我母亲的名字，可能那个期间她已经离开了。

后来，1955 年育儿所解散的时候，我被介绍到了井子村。我养父当时在供销社工作。我记得那天在育儿所里，老师通知我说："你的父母来领你了！"我当时也不知道什么是父母，就这么稀里糊涂地跟着到井子村来了。

那天是阴历七月初六，天气很热。我记得那时育儿所的那些保育员大姨告诉我，我已经 7 岁了，所以我的养父母也把这一天作为我出生的日期。他们接我走的时候，大姨们给我带了育儿所分配的小被褥、洗脸盆、洗漱用具，还有一年四季的衣服。

少年冷传杰与养父母

我当时不想离开育儿所，但是没有办法。我很不愿意离开那些小朋友。我记得李丽惠、云明、致荣，还有振军那些小朋友，我大哭了一场。大姨跟我解释说，因为你们长大了，长大了以后都得有自己的家庭，尤其过年过节的时候都得跟你们的家人团圆，所以得把你们解散下去，就这样我到了养父母家。

现在回想起来，我和那些保育员大姨的关系就是母子关系，是亲人，她们对我确实照顾有加。大姨们对我们这些乳儿比对自己亲生的还要亲，她们24小时守护着我们。我离开育儿所以后，和养父母只是一种客客气气的关系，不是那么亲密无间。

我们这些孩子有个共同的特点就是都没有姓，只有一个名

我们在育儿所的这些孩子，有一个共同的特点就是，我们都没有姓，只有一个名。那些大姨保密意识非常强，她们从来不交头接耳议论这个孩子姓什么，是谁的孩子，他爸爸妈妈是干什么的。大姨们只管照顾我们，只管对我们好，我们就像大姨的亲生孩子一样。

从早晨起床，我们都是有纪律的，统一起床、统一洗漱、统一吃饭、统一游戏，都是大姨们指导我们怎么做。大姨们还教我们唱歌、跳舞，那时候的生活确实很快活，回想起来挺美好的。育儿所对我们这些孩子在教

育上都是正能量的，我们都不骂人，也不大声吵闹，非常文明，出门见了男的叫大叔，见了女的叫大姨。

在穿戴上，一年四季，按照季节来换衣服，并且每个星期基本能换两次。我们的服装也是统一的，男的穿背带裤子，女的穿裙服。

我们也经常出去玩，但是出门的时候都是那些保育员领着我们集体出去。大姨们总是告诉我们要注意卫生，外出回来要洗手。在卫生方面，夏天一周能洗三次澡，冬天一周能洗一次澡。吃饭的时候是各人有一套餐具，互不干扰。

我终生遗憾的是，我不知道我的亲生父母是谁

我终生遗憾的是，我不知道我的亲生父母是谁，我连自己姓什么都不知道。我懂事以后，想着去找他们，只是一直找不着。

我寻亲的时候是民办教师，我跑到青岛去寻找我母亲，上派出所去查户口。派出所说户籍管理存档是从 1955 年建起来的，但是查了半天也没查着。那阵民办教师一个月就十一块五毛钱的补贴，所以我住不起旅馆，夏天就在大街上过夜。白天，我叫老婆上旅馆去，再去买点儿简单的饭吃吃，不舍得花钱。那个时候到青岛的车费才三块来钱，但是这个车费我都不舍得花，因为条件太艰苦了。

我去过青岛，去过烟台，别的地方就去不起了，经费不足。再就是在本县打听那些保育员大姨，她们都挺同情我们这些孩子的，就一个一个互相介绍。比如，王占梅大姨介绍倪占芝大姨，就这样帮助我打听各种线索。我去寻亲的时候，碰到这些大姨，看到她们生活也很艰苦，我心里也不是滋味。这些大姨就是我的再生父母，我就这么觉得，所以我看见她们都觉得挺亲热的。

我现在都70多岁了，人生已经进入晚年，我还不知道自己的父母长什么模样，我哪年出生，姓什么、叫什么，一概不知，这是我终生的遗憾。

有一段时间我有些恨我的亲生父母，你们既然能把我送到育儿所，知道我在育儿所里面生活，为什么不去领我呢？但是我现在回想起来，觉得我这种想法是错误的。第一，父母起码给了我生命，他们是生育我的人；第二，我父亲南下牺牲了的话，他是为国家尽忠了，这是一种光荣；第三，我母亲当时听到我父亲牺牲了，她很难过，离开了育儿所，我也理解她。她肯定有苦衷，不然她不会把自己的孩子撂在育儿所里面，毕竟我是母亲身上掉下来的肉。如果我母亲还活着的话，我会加倍地孝敬她，感激她给我了生命。再说我现在的经济状况也挺好的，我能赡养她。

我在农村打拼这60多年，没感到过遗憾。现在回忆起来，有很长一段时间有些人嘲笑我，说我是被养父母领养的，我一直都忍受着痛苦。现在觉得好了，因为各级组织都重视胶东育儿所这段历史了。

从1955年到2020年，在这65年里，我自始至终从事着农业生产劳动。由于我自己的劳动表现不错，县上和大队两级政府把我送到了莱阳农校，就是现在的莱阳农学院学习。学习回来以后，经镇党委介绍，我到了乳山一中任教师。以后夏村镇又把我从一中要回当生物教师，这一从事教育工作长达35年。在这35年里，我兢兢业业，1987年被县教育局评为优秀教师。

特别是我从事教育工作以后，每次看到底下学生一张张的笑脸，心里就觉得一定要把他们培养好！后来他们知道我的身世以后，也在网上帮助我寻亲。他们很愿意听我讲课。每次到了放学的时候，我看到他们一个一个地蹦啊跳啊，我真羡慕，他们生活在一个好时代。

刘丹勇：

我是解放后到的育儿所，我的名字是刘志刚所长起的

刘丹勇（1951— ），胶东育儿所乳儿。烟台市某单位退休职工，现居山东省青岛市。

关 系 人：

乳娘官云英，乳山市崖子镇南寨村人，哺育乳儿刘丹勇 3 年。

刘俊杰，刘丹勇父亲，胶东育儿所会计。

姜书民，又名姜淑敏，刘丹勇母亲，胶东育儿所保育干事。

受 访 者：刘丹勇

采访时间：2020 年 9 月 7 日晚

采访地点：山东省青岛市

采 访 者：笔者

我母亲姜书民是胶东育儿所的保育干事

我是1951年解放以后出生的，我父母都是胶东育儿所的工作人员。我出生以后，虽然都已经解放了，但是育儿所的规章制度一点儿都没变。主要也是因为那个时候育儿所还有很多孩子没被领走，对待孩子的管理还是跟解放前一样，一点儿都没有放松。

我母亲姜书民是胶东育儿所的保育干事，我父亲是搞后勤工作的会计。我母亲1928年出生，我母亲在育儿所的名字叫姜书民，这是她父母给她起的，后来有的单位给她写成了姜淑敏。我母亲在育儿所一开始是保育员，之后又提了保育干事。

我母亲是个孤儿，当时育儿所在田家村的时候，因为我们老家挨得挺近的，她就自己上育儿所去了。我母亲是1946年年初到胶东育儿所工作的，那个时候的所长是刘志刚。一开始我母亲到育儿所就是带小孩。她们那个时候的人对待别人的孩子都是尽心尽力的，比对自己亲生的孩子还要关心，还要疼爱。

我父亲叫刘俊杰，原来在一家工厂工作，他干技术活儿。后来育儿所里面的机器坏了就请人来维修，我父亲就经常去帮着修理。修了一段时间以后，育儿所的领导问他：“你可不可以待下来？我们这里需要你这么个人。”所以我父亲就待下了，这样我父亲也到育儿所工作了。我父亲在育儿所里一直做后勤工作兼财务，那个时候找奶妈、找乳娘的工作他也负

1950 年 2 月，刘志刚（左三）所长与育儿所工作人员合影

责。具体来说，他要到每个村子里去了解情况，先是到大队去了解，了解有没有可以奶孩子的人家，这些人家怎么样，为人怎么样，有没有能力带小孩，有没有奶水等情况。

我母亲一开始当保育员的时候，好像是一个人带两三个小孩。以后育儿所逐渐扩大了，各方面都正规了，我母亲就当了保育干事，负责保育员的一些工作。1951 年，我父母结了婚，后来我就出生了。那个时候育儿所有规定，我父母的工作主要是照管好那些将士的孩子，所以自己的孩子就没法自己照看。我生下来 40 天以后，就把我送给乳娘了。这样我母亲就可以一心一意为前线将士的孩子当母亲了，她们对前线将士的孩子比对自己的孩子还要亲!

我在乳娘家被养育到 3 岁，就从乳娘家接出来，安排在育儿所小班。我长大后问过我母亲，为什么她不自己带孩子？我母亲说那个时候不让自己带孩子，工作人员的孩子也是育儿所的老师和阿姨带。我在乳娘家期间，我母亲也不去看我，都是由育儿所负责巡逻的人定期到村里去看看孩子，有时候送点儿吃的、穿的、用的，那时候的制度挺规范的。

育儿所里面安排得都挺好，有专门给孩子做衣服的、赶马车的，还有专门给孩子采购食品的，都在紧张地工作。保育员、老师、大姨对孩子全都是一样的。那个时候老师主要是给孩子讲课、讲知识，大姨就是管孩子的生活，比如洗澡、洗衣服、睡觉、吃饭等。育儿所的制度一直都很严格，那个年代每个人都是真心真意地在为党工作。

我母亲最牵挂的就是李丽惠

我的名字是刘志刚所长给起的。听我母亲说，那段时间育儿所有四个小孩要出生，刘志刚所长先把这几个孩子的名字起好了，然后生一个就分

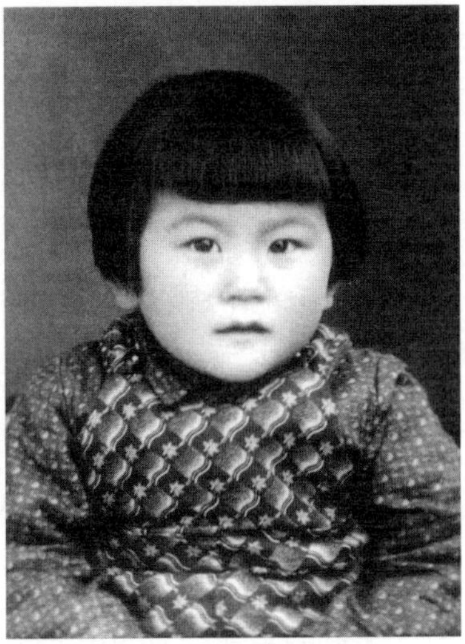
刘丹勇在育儿所时的统一服装照

配一个名字。我出生的时候叫丹勇，“丹勇”是个男孩名字，所以我从小到大上学的时候，老师经常把我写成男孩。那时候起名字都是根据当时的形势、当时的环境来起，刘志刚所长起这个名字是有意义的，讲起来有点儿故事在里面。

以前我母亲在世的时候，一到过年她就给刘志刚所长、周指导员打电话。我母亲后来又在烟台地委幼儿园当所长，之后又在地方一直干教育工作。

大概是20世纪70年代，李丽惠来我家里找过我母亲。那时候李丽惠老想着找她的亲生父母，想知道她是从哪儿来的，她父母长什么样。

我母亲对李丽惠小时候印象挺深，说她跳舞好，挺活泼的一个小女孩。我们那时候聊起来就说有几种可能：一种是父母打仗都牺牲了；一种是母亲怀孕了，但是父亲在前线还不知道；还有一种是如果母亲不在了，这个孩子就找不着了。我母亲说那个时候有专门的人负责接孩子，但是因为在战争年代档案都不全了，育儿所还发生过一次火灾，所以很多都找不着了。

我母亲后来身体不好，但是她脑子很清醒，李丽惠、宋玉芳她们来看她，她就掉眼泪。她说“我看见她们，就想起来她们的父母了”，她就心疼她们找不到亲生父母。因为李丽惠也在烟台，离得近，她经常来看我母亲。过一段时间不来，我母亲就会关心李丽惠，就问一问。我母亲最牵挂的就是李丽惠。

如果带自己的孩子，你就没有心思再去带那些前线将士的孩子了

我母亲生了四个孩子，我是老大。后来我长大了，我母亲也老了，有病了，我在家照顾她。有时间了我就逗她说："你都不喜欢我，你一生下来就把我给人家了。现在你老了，叫我来伺候你。"

我母亲说："那个年代不是自己说了算的事，革命工作你就得听党的安排，怎么安排怎么做。既然你选择了这份工作，就得服从。我从小是个孤儿，我自己很早就跑出来了，要不然我现在还在家里面。"

我们家有张老照片，是育儿所工作人员合影，我和另一个小孩也在里面，但抱着我的不是我母亲，另一个大姨抱着我。我就问我母亲："那张照片上你怎么不自己抱着我照相，还得给别人抱？"

"我自己抱你就没有心思再去抱别的小朋友了，必须把心思都放在别的小朋友身上。不能光顾自己，要为大局着想。前线将士的孩子，父母连看都看不见，生死都不知道，在后方的人就得好好照顾他们，让前方的将士们安心打仗。"

那段时间，她们所有人对每个孩子都是尽心尽力的。许世友的小孩也在这个育儿所里面，对待孩子都是一样的，没有什么区别。当时育儿所的阿姨也不知道这个孩子到底是谁的，因为那个时候小朋友没有姓，只有名。

晚上值班时间，阿姨都得起床叫孩子小便。如果第二天发现有小孩尿床了，因为晚上工作没有做好，阿姨就得挨批评。当时要求都挺严格的。

我听我父亲说，打完仗，战利品都往育儿所里送，育儿所小朋友的生活都挺好的。

我的乳娘叫宫云英

我的乳娘叫宫云英，她是乳山崖子镇南寨村的。她自己生了四个儿子，没有女儿。她奶了我以后，对我比对她自己的亲生儿子还要亲。我对她就是从心里面感觉亲近。

我乳娘个头儿不高，挺能干，家里也收拾得很干净。后来她老了也还是干干净净的，我乳娘一辈子都爱干净。

我喊乳娘为奶妈，喊家里其他人爹、哥哥和弟弟。俺爹后来得了老年痴呆症，他不认识别人，只认识我。每次我一回去，他就说丹勇回来了。

我奶奶家跟乳娘家是一个村的，我小时候每次回去，我奶奶都说看看你奶妈去。我小时候还不知道奶妈是什么概念，只知道她是我的奶妈。但是很奇怪，每次我一回到奶妈家，就觉得格外亲。

我乳娘看起来挺厉害的，我乳娘家的孩子都怕她，就我不怕她。她对我特别好，吃什么东西她都先让我拿，不让我哥哥弟弟跟我抢。小时候，

乳娘宫云英怀抱幼年刘丹勇的合影

刘丹勇与乳娘宫云英合影（1967 年）

我乳娘上山干完活儿，下山回家的时候，就从山上逮一只小麻雀、小青蛙啥的，她都处理好、洗好了，拿玉米叶包着，放点儿盐，埋在草木灰里面，烧一烧给我吃。我每次回家，就在奶妈家里睡。吃饭的时候，她告诉哥哥不要抢，给你妹妹留一点儿。

我乳娘对我可好了，我从心里面依赖她。后来她老了，每次回家看她，我都得抱抱她。从感情上说，我觉得她比我自己的父母还要亲。我给我乳娘买什么东西，花多少钱都舍得，毕竟她是农村的，没有工资。我每年都回去看她，她需要什么东西我都会给她准备。我跟她说："我就是你亲生女儿，你需要什么跟我讲。"我每次回去和她赶集，去买点儿东西，村里面有不知道的人都问她："你不是没有姑娘吗？你从哪里捡了个姑娘？"我乳娘心里就觉得生活挺幸福的。

后来电话方便了，我没事儿就打电话和我乳娘聊聊天。她从来不和我提什么要求，都是我给她安排。夏天我给她买了个电锅；她不能擀面条，我给她买面条机，让她轧面条吃。我有什么事儿就告诉家里那个弟弟，俺那个弟弟当兵回来了，在威海，就和我自己亲弟弟一样。我有什么事儿，我弟弟也来帮我，他对我就像对自己的亲姐姐一样。

我一见我乳娘就想抱抱她，但是和我母亲从来没牵着手走过路

我和我乳娘可亲了，我一见她就想抱抱她，但是和我母亲从来没牵着手走过路。因为我家里还有两个妹妹，还有弟弟，我就认为我母亲不喜欢我，我以前就是这样想的。以后大了我也理解了，尤其是现在我也老了，就更能理解我母亲了。

每次跟我乳娘在一块，我都会慢慢地和她说话，有什么事和她好好商量。但是不知道怎么回事，和我母亲在一块儿有时候还和她拌嘴。和乳娘

从来没有过，乳娘年龄越大，我对她越仔细，也可能是觉得她在农村经济条件不好，而且光有儿子，我就当她唯一的姑娘吧。我跟乳娘说："你有什么事就跟我讲，我什么事都能给你办了。"她还有什么事啊！那么大岁数了，我给她买衣服她都不穿。每年冬天我给她买新羽绒服让她穿，回去以后我弟弟告诉我，她都没舍得穿，洗得干干净净的，在塑料袋里装着。老一辈的人都是这样的。

以前有时间了我也接我乳娘到家里去住一阵，我爹有时候高兴了也拿点儿农产品上烟台去看我。

我每次去我乳娘家都舍不得走，每次回去我都得抱抱她，亲一亲。2016年，乳山有个活动，我乳娘也去了，她也发言了。我乳娘挺棒的，我就是跟她亲。

笔者带领摄制团队与刘丹勇（居中者）合影（2020年9月）

附篇一

部分乳娘乳儿采访记录

王爱翠：

国家有困难了，咱就得把孩子们照顾好

王爱翠（1928.9— ），女，胶东育儿所保育员，1947年进入胶东育儿所工作。现居山东省青岛市。

受 访 者：王爱翠

采访时间：2019年11月6日下午

采访地点：山东省青岛市

采 访 者：笔者

（采访王爱翠时，她的记忆和思维已经很不清晰，提供的有效信息很少。）

我 16 岁去的胶东育儿所，我热爱这份工作，我是真心喜欢这份工作。孩子你就是得热爱他，照顾好他，叫他吃得好、玩得好，才能把他养大。参加革命工作，你得自己先热爱工作，革命工作都是自己干出来的。国家有困难了，咱就得把孩子们照顾好。

那个时候的孩子也苦。我们那儿都是部队上的孩子，很可怜。他爹他妈上前线了，有受伤的，还有牺牲的，我们得把他们当自己孩子一样照顾好。哪个孩子你照顾不好也不行！很不容易。小孩子不是马马虎虎就能养大的，我们那儿的孩子都很平安，都养得很好。

我是解放后离开育儿所来到青岛的。我是调出，属于工作调动，组织上调动我再去开办别的幼儿园，于是我到了青岛继续做这份工作。

笔者与王爱翠（左）（2019 年 11 月 6 日）

王月芝：

那个小孩他爸爸牺牲了

王月芝（约 1924—2020.4），山东省乳山市育黎镇南由古村人，胶东育儿所乳娘，哺育乳儿小胜等两人。

关 系 人：

小胜，男，胶东育儿所乳儿，生平不详。

受 访 者：王月芝

采访时间：2019 年 9 月 19 日下午

采访地点：山东省乳山市

采 访 者：笔者

（采访乳娘王月芝时，她已经不能下床，听力与表达能力都很弱。我与她打招呼，她似乎明白我的来意，努力冲我微笑，示意家人给我们准备吃的，也努力试图跟我说话。我拍下了她躺在床上的影像，这大概是她生前最后的影像。）

笔者：奶奶好。

(王月芝努力冲我点头。)

笔者：奶奶，我来看您。

王月芝家人1：听不见。

笔者：全听不见了?

王月芝家人2：听不见了。

笔者：奶奶，我们来看看您老人家。

王月芝家人1：她听不见。

笔者：我们看看您，奶奶，我从济南来的。

王月芝家人1：听不见。

王月芝家人2：听不见，耳朵背了。

笔者：奶奶，我从济南来的，我来看看您老。您为国家作贡献了！我们从济南来看看您。

王月芝：看看我?

笔者：对！我们来看看您！表达一下感谢！您是为国家作过贡献的人!

(王月芝点头。)

笔者：奶奶养过几个乳儿？叫什么名字?

王月芝家人1：养过两个乳儿，一个叫济生，一个叫济胜，就是胜利的胜。咱妈告诉我说有一个乳儿，他妈叫白秀英。

笔者：奶奶怎么跟你说的?

王月芝家人1： 我说："妈，你奶的孩子你知道他叫什么名吗？"她说一个叫济生，一个叫济胜，还有一个他妈叫白秀英。

王月芝家人2： 头一个，第一个孩子他妈妈叫白秀英。

笔者： 奶奶多大年纪了？

王月芝家人1： 94岁了，很想念她奶过的那两个孩子。我也常常问她，我说："妈，你想那孩子吗？"我妈说："我怎么不想？"

王月芝家人1： 那个小孩他爹牺牲了，他爷爷来把他带走了，哭得啊……

笔者： 那两个孩子是怎么来你们家的？奶奶还跟你们说过那俩孩子（乳儿）的其他情况吗？你们还了解哪些？

王月芝家人2： 说得不多。光知道那个小孩他爸爸牺牲了，都是战争年代的事了。

肖淑凤：

哎呀，这个傻啊

肖淑凤（约1921—2020），山东省乳山市崖子镇申家村人，胶东育儿所乳娘，哺育乳儿玲玲等两人。乳儿生平不详。

受 访 者：肖淑凤
采访时间：2019年9月19日上午
采访地点：山东省乳山市
采 访 者：笔者

采访乳娘肖淑凤时，她已经不能下床。她的家人喊她，她努力睁开眼，慢慢转过头，看见了我。她忽然冲我笑了笑，用洪亮而清晰的声音说:“哎呀，这个俊啊！”接着她朝家人摆摆手，说了句我没听清楚的话。家人说，老人是嘱咐她们做晌午饭给我吃。

那次见面后不久，乳娘肖淑凤就去世了。

邵志宏：

我出生后也是寄养在老百姓家里

邵志宏（1948.2— ），女，出生于胶东，胶东育儿所乳儿。现居山东省青岛市。

关 系 人：

邵明照，邵志宏父亲。

鲁文（音），邵志宏母亲。

邵志坚，邵志宏哥哥，胶东育儿所乳儿。

邵志杰，邵志宏姐姐，胶东育儿所乳儿。

受 访 者： 邵志宏

采访时间： 2020 年 9 月 7 日下午

采访地点： 山东省青岛市

采 访 者： 笔者

我叫邵志宏，我是 1948 年 2 月出生的。我出生后也是寄养在老百姓家里，但是我没有印象。两岁左右我到了育儿所生活，但是具体的情况我不知道。

当时的小朋友、那个环境我没有太多印象了。一直到 1951 年左右的时候，我才记得好像是我们到了济南，在济南又继续上幼儿园。

到了济南以后，我知道我哥哥、我姐姐和我都在胶东育儿所待过，但是具体情况我是一点儿印象都没有了。

附篇二

部分工作人员采访手记

照亮乳儿生命的光，歌颂乳娘精神的光

于子涵

我是院线纪录电影《战争中的母亲——胶东乳娘》后期剪辑、导演助理之一于子涵，影片导演、编剧是我的研究生导师常秀芹教授，很感谢有幸能在导师常教授的带领引导下，在研究生期间深度参与电影创作。

《战争中的母亲——胶东乳娘》通过口述历史与纪录片的结合，形成历史影像化表达、呈现和传播，将乳娘与乳儿个体记忆作为口述历史的核心元素，体现了包含在沂蒙精神之中的胶东乳娘在纪录片叙事中的独特价值和隽永的历史收藏价值。在影片整个创作过程中，我感受到了制作团队精益求精的精神，我觉得无论是影片还是团队，都做到了“适度地靠近、真诚地交流、静静地聆听、深情地凝视，哀而不伤”。

影片开场在剪辑时进行过很多次调整，最终定下了用点燃煤油灯的长镜头。我曾问过导师这样设计的含义，导师告诉我，点亮的光其实就是照亮黑暗岁月的光，是照亮乳儿生命的光，也是我们歌颂乳娘的光。我觉得这也是导演对胶东乳娘人物特征以及母爱的隐含赞美。

影片最具创意的还在于它的艺术表现形式，它经典地展示了艺术纯粹形式的力量。对现实充分简化、提纯和抽象，使之成为一部精致、干净、带有形而上气质的艺术作品。除了外景空镜头画面，《战争中的母亲——胶东乳娘》最主要的表现形式是采访。剪辑过程中，我们一遍遍翻看采访场记，一遍遍整合信息。采访是电视节目、纪录片常用的手段，一点儿不新鲜，但《战争中的母亲——胶东乳娘》却将常见的采访推向了极致。在《战争中的母亲——胶东乳娘》中，对60多位乳娘、乳儿的采访都是对着镜头说话，即人像展览式的采访人物呈现，这构成了电影基本的叙事策略，也成为它贯穿始终的风格。这种方式通过突破人物规定情境的限制，创造了一个开放的广阔空间，它可以是观者观看的任何时间与空间，是永远的现在进行时，比如影片当中出现的静默画面，像麦勤、梁恒力，都是直面镜头，观众很容易感受到她们的情绪。梁恒力回忆小时候在育儿所的欢乐情景时，抬头仰望的眼里是充满了光的，给观众感觉她就像真的回到了小时候在育儿所和阿姨、小朋友们玩耍的某一天。采访对象对着无人的镜头，犹如面对真实的自己，倾诉就变成了内心独白，是真情流露，增强了亲和性与感染力，比如梁恒青在描述疤瘌眼阿姨时，情绪的激动以及回忆的泪水都让观众有感触、有感动。这时的镜头，是采访者、是观众、是受访者，是多角色的合一，其目的是直接与观众对话，在受访者看着镜头的对话交流中，引起观众关注，引发观众思考，让观众能够感知受访者的喜怒哀乐。

后期配人物信息字幕时，导演说仅留乳娘与乳儿出生年月以及关系信息，统一配置为黑色背景。《战争中的母亲——胶东乳娘》不是黑白影片，但黑色背景在过滤芜杂背景方面所起的作用与黑白摄影的效果一样，而且更彻底。在这里，人物的现实性再次被抽离，只剩下一个个单纯的人。如此设计是故意弱化人物的生存环境等外在属性，目的只想凸显作为单个人的形象和他们的所思所想。突出他们只有一个共同的背景，那就是抗日战争背景下胶东育儿所走出来的那一辈人，其余都无关紧要。

在后期剪辑时，加入了大量的空镜，我觉得导演是有意把《战争中的母亲——胶东乳娘》做成一场盛大的仪式，把人们司空见惯的采访抽象到了仪式的高度，再配以空镜头和航拍镜头先天的宏伟仪式感巧妙剪辑。对观众而言，空镜头为该片创造了一种崇高仪式。当片中精美的航拍镜头徐徐展开，再辅以天籁般的音乐，观众就像导演一样，用自己的目光俯视巡游乳山，那种仪式的超越性不言而喻。尤其是在拍摄烈士墓碑的段落，镜头由一个墓碑缓缓向上，以拉镜头的效果，使视域逐渐扩大，再将乳儿的数以万计的寻亲笔记重叠在一个个墓碑上，那种壮观是不可言喻的，导演无一不向我们展示了摄影机的视像以及她的艺术创造力。更重要的是，影片大多为航拍的大远景与采访的近景，两极景别造成的强烈冲击力，不仅是视觉的，更是心理与精神的，那就是仪式的崇高感。

感恩这段经历，感谢我的导师常秀芹教授。我想用三个关键词形容我与《战争中的母亲——胶东乳娘》，就是收获、丰盈、美好。

乳娘精神是指引我前行的一盏明灯

魏　澜

我是《战争中的母亲——胶东乳娘》的录音师魏澜，同时在影片中担任导演助理、剪辑的工作。筹备初期，导师常教授作为影片导演，推荐我作为录音师跟组参与相关创作工作。得知消息的我既忐忑又兴奋，这将是我第一次独立跟组完成同期录音工作，生怕因自身经验不足而耽误拍摄进程，但同时，我又十分珍惜和渴望这次机会。我表达了想跟组进行学习的想法，常教授鼓励我作为录音师承担起同期录音的工作，她的鼓励使我至今难忘。时至今日，我仍十分感激常教授对我的指导与帮助，让我更加坚定了要向一名优秀的影视纪录工作者的标准看齐。

时间回到 2019 年，在胶东乳山，海风低吟着往昔的歌谣。那些被遗忘的岁月，在乳娘和乳儿的回忆里，如潮水般涌上心头。回忆起第一次的采访现场，内心满是敬畏与期待，我仿佛穿越时空，回到了那段战火纷飞却又充满人间大爱的岁月。乳娘、乳儿们朴实的话语，诉说着历史的沉淀，母乳与信仰，一滴奶水养一寸忠骨，在艰难时局下，乳娘们用乳汁哺育革命后代，用生命守护希望的火种，在她们眼中，这是义不容辞的责任，是对革命事业的坚定支持；而胶东乳儿们回忆起那段时光，眼中饱含着对乳娘的感恩，他们讲述着在乳娘呵护下成长的经历，唱起在胶东育儿所时的快乐歌谣，无不让人为之动容。尘封已久的红色记忆，在光影交织中，穿越时空，直击心灵。

夜色降临，乳山的风依旧轻柔。那片土地，曾经埋葬过无数的苦难，也承载着世间最深沉的母爱。回忆起这段拍摄经历，我亦久久不能平静，脑海中回想起王葵敏奶奶的笑，她眼角的皱纹挤在一起，仿佛百年前的风霜都化作一缕温暖的晨曦。风吹过山冈，枯草低吟，乳儿司晓星哽咽着，在一座老旧的坟前，泪水簌簌落下，她用手轻轻抚摸墓碑上的名字——姜明真，那是乳娘的名字，一个曾在战乱中，用生命养育她的名字。面庞温柔坚定的保育员王占梅唱起了那首摇篮曲，那是藏在乳儿内心深处的旋律，是战火中的微光，是乳娘的啜泣声，是思念，是牵挂，是对乳儿刻骨铭心的爱。

这部电影的诞生历程同样令人感慨。从电视版再到院线电影版，每一个作品形态的呈现，都凝聚着主创团队的心血。常教授带领我们充分发挥专业优势，将这段动人的历史搬上不同的荧幕，让更多人了解到胶东乳娘的伟大事迹。这部传承红色基因的精品力作，在创作期间，采访场记就多达 80 多万字，为党和国家留下了一份沉甸甸的影像档案和珍贵史料。相关报道点击量上千万，院线电影版成功拿到“龙标”（电影公映许可证），十余次斩获国内外电影节专业奖项，这些成绩背后是无数次的打磨与付出。

此次作为主创团队参与影片创作，是我研究生阶段最重要的学业成果，乳娘精神更是漫漫人生路上指引我前行的一盏明灯，它让我深刻认识到红色文化传承的重要性。胶东乳娘的故事不应被遗忘，纪录电影《战争中的母亲——胶东乳娘》为这段历史留下了珍贵的影像资料。乳娘们用乳汁养育了革命的火种，而乳儿们，亦用一生的奋斗，回报这份深恩。未来，希望更多人能看到这部电影，一起感受那超越血缘的母爱和无私无畏的奉献，传承红色基因，赓续红色血脉，让胶东乳娘的精神代代相传。

我们不仅是历史的记录者，更是乳娘精神的传承者

马　群

作为《战争中的母亲——胶东乳娘》这部纪录电影的录音师和剪辑助理，我每次回想起作品创作时的点点滴滴，都十分难忘与不舍。在工作中，我主要负责的是对视频素材与录音内容的整理与归纳，以及部分历史资料的搜集。当我在整理素材时，可以倾听到一个又一个乳儿讲述那段让人难忘的历史，我也似乎能从中亲身感受这段岁月长河中刻下的痕迹，当我翻看那些泛黄且又模糊的历史照片时，我也能感受到，历史折痕下诉说的隐痛，每一块褪色的痕迹，都蕴藏着未被聆听的故事。

在搜集口述资料的过程中，我也慢慢学会了倾听那些未曾说出口的细节：比如突然湿润的眼眶、反复摩挲的手指，以及长时间凝望的沉默。这些未言之处，往往比言语更加震撼人心。作为纪录片工作者，去读懂那些尘封往事中隐含的无言故事，是我们的必修课，也是我们创作过程中所挖掘到的无形的宝藏。

随着创作的不断深入，我在感受岁月与历史肌理的同时，也愈发清醒地意识到记忆的脆弱与修复的不可逆。我们能做的，只是抢救性地拍摄每一位历史见证者，尽力填补岁月的裂痕，将那份刻骨铭心的乳娘精神与记忆保存起来。在创作中，我最大的收获远不止那些珍贵的影像资料，更在于我个人作为参与者的认知迭代。在一次次的亲历拍摄与素材整理中，我不断拆解并重建了对“母亲”“战争”与“记忆”的认知框架，也在其中洗涤与重塑着自己的灵魂。

这次经历不仅促进了我的成长，更让我得以用自己的双眼去捕捉和感受这段珍贵的历史，重温那些意义非凡的历史记忆。当成片展映，看到台下众多观众的面孔时，我猛然领悟到自己作为影像工作者的使命：我们不仅是历史的记录者，更是乳娘精神的传承者——要用当代的视角和方式，将这份跨越时空的大爱，传递给未来的中国。

一场与历史和女性伟大精神的盛情拥抱

刘露彤

近年来，人文类纪录片不断涌现，逐渐成为新时代人们所热爱的纪录片类型，以《二十二》《三十二》等为代表的作品，向我们展示了战争中女性的伟大精神，揭露了法西斯主义的恶劣行径，丰富了人文纪录片的历史内涵和文化意蕴。非常荣幸可以在研究生时期参与纪录电影《战争中的母亲——胶东乳娘》的创作，历经育儿院场景实拍、录音整理和后期剪辑各个环节，感悟颇深，整理各位乳娘和乳儿采访录音的工作给我留下了深刻的印象。

口述历史作为一种记录历史的方式，由历史亲历者对自己所经历的事件和进程进行回忆和口述，来重建当年的历史情境和状态。遗憾参与电影制作时间较晚，没有经历现场采访，初次进行乳娘和乳儿的录音文件整理时，总是被复杂的乳山及各地方言和老人表述不清的词句所困扰，有时候为了获取准确的信息，一句话要翻来覆去地听上几十遍，但当只言片语汇聚成完整的故事时，那些被战火淬炼的场景依然令人震撼。邢莉莉的梦境里总在逃往育儿所的院落，她说："梦里敌人追着，我拼命往育儿院跑，那是唯一的安全感。"乳儿梁恒青在采访中说道，她30多岁生下自己的儿子之后，突然有一天就对着儿子唱出了"弟弟疲倦了，要睡觉……"这首摇篮曲，她自己也很奇怪为什么突然就哼了出来，直到后来她在电视上看到与自己同为乳儿的宋玉芳参加电视节目《寻找乳娘》，才知道原来这就是她小时候每天晚上伴她入眠的摇篮曲。乳娘王葵敏虽然已经雪鬓霜鬟，依旧在村口守望。而乳儿为了找到养育自己的乳娘，也用尽了各种方法。梁恒力登上了中央电视台综合频道《等着我》栏目。司晓星从小就偷偷卖废品想要攒车票钱回到乳娘家，即使后来得了乳腺癌，也为了寻找乳娘北上南下跑遍各大军区，只求一丝线索。虽然最后找到时，乳娘已不在人世，但她也和乳娘的后代之间以兄弟姐妹相称。这些质朴而真挚的话语，让我对乳娘精神有了更深刻的理解——那是一种无私的爱，一种对革命后代的深情守护，更是一种对国家和民族未来的坚定信念。

历史是一场博大的共情，参与拍摄纪录电影《战争中的母亲——胶东乳娘》的所有经历，都是与历史和女性伟大精神的盛情拥抱。当一位位乳娘和乳儿的形象在镜头前和回忆中栩栩如生地树起，我们也仿佛站在了那段战火纷飞却又充满温情的时代之中。残章断简堆积起的历史的厚重，是"忠心向党、大爱无疆"的乳娘精神的最好体现，也是"吃苦耐劳、勇往直前、永不服输、敢于胜利、爱党爱军、开拓奋进、艰苦创业、无私奉献"的沂蒙精神的鲜活象征。"中国母亲"于战争烽火中创造的奇迹，必将成为砥砺中华儿女不忘初心、牢记使命、接续奋进的悠长战歌。

后记

8年前，当我犹豫是否要接下胶东乳娘纪录片的创作任务时，我没想到在完成短片之后还能继续在全国寻访拍摄，最终完成一部电影；

5年前，当我完成《战争中的母亲——胶东乳娘》电影创作的时候，我不敢想还能有勇气继续完成这部口述史著作；

3年前，当我完成百万字采访场记、数千张史料照片的初步整理时，研究工作的强度、难度和复杂性一度令我想放弃。

此刻，我有些释怀，亦有些后怕。如果放在今天，即使我还有勇气继续接受这样的重担，也没有条件去完成了，乳娘们都已辞世，也有乳儿离开了我们……好在，他们的音容永远留在了我的影片中，而影片未尽部分，最终得以在这部口述史中一一呈现。

回首过去的8年，那是一段多么漫长的记录之旅啊！

曾经在无数个深夜，当我梳理每一份乳娘、乳儿的采访场记时，我仿佛再次走进他们的人生，融入他们的生命，陪他们一起伤感哭泣、一起憧憬期盼、一起在历史的泥泞中跋涉前行。

曾经在我一次次想放弃时，那些鲜活的生命和不朽的灵魂，她们一次次、一步步地向我走来。每一次对话都如同一场穿越时空的心灵交互，让我深刻感受到历史的厚重与女性的力量。

在书稿即将付梓时，我要向所有受访者表达我的敬意和谢意，他们见证、书写了历史，也作为历史的一部分，永续长存。需要说明的是，本书中有些乳儿及其亲生父母信息了解得比较详尽，但由于历史原因和现实原因，部分乳儿亲生父母的出生年龄、参加革命时间及职务了解得很少。当然也可能存在其他疏漏的问题，在此先表示歉意，期望能有机会得以补全或更正。

我要特别感谢那些年近耄耋的乳儿，我们之间早已超越了采访者和受访者的关系，他们似乎也把我当成育儿所的小朋友，有公共活动时总能向我投来期待的眼神和各种关心叮嘱。此刻我脑海中闪过许多温暖的瞬间：在聊城采访时，司晓星坚持把她娘（乳娘）家的苹果塞到我们的采访车里，让我们尝尝她胶东老家的特产；在合肥拍摄到深夜时，还能吃到梁恒青为我们订制的丰盛的合肥菜；在烟台采访时，李丽惠坚持要我收下一枚崭新的银杯，因为我奔波劳碌需要多喝水……和平年代，饮食作为情感表达的物质载体依然无比珍贵。

我要向所有鼓励、帮助我完成这部口述史的挚友亲朋表达敬意和谢意。感谢全国妇联妇女研究所的范红霞主任，她的鼓励和帮助坚定了我完成这个项目的信心。口述史是一项多人参与的集体性工程，这部口述史的前期工作主要依托我导演编剧的纪录电影《战争中的母亲——胶东乳娘》的采访素材，在此基础上又继续扩充采访。其间我的电影创作团队付出了太多的辛劳和汗水。我研究生团队的小伙伴们，于子涵、魏澜、马群、刘露彤，他们不仅在影片创作中承担了相应的工作，也在口述史的音频转化、原始素材梳理方面做了很多工作。我想摘录他们的采访手记附录到这部作品的后面，应该会有特别的意义。

我还要特别感谢中国妇女出版社的工作人员通过面对面交流和多次线上沟通，在确定书名、内容结构、文稿打磨、装帧设计等方面提出了许多宝贵意见，由于他们的努力，这本书才有机会和读者朋友见面。

令我欣慰的是，我的孩子张天羽也利用寒暑假参与了影片的采访摄制和制片助理工作。从电影创作到口述史创作，对我的孩子、我的学生也都是一次难得的探索学习之旅、诚心致敬之旅。我们以最真挚的态度、最饱满的热情和最顽强的干劲，翻过了一座座山，战胜了一个个困难，我们共同留下了一段中国妇女抗战史。

最终，这部著作要献给我的母亲，感谢母亲无时无刻不在的指引，在另一个时空伴我完成这个纪录工程。